21, rue Moret -- 75011 Paris
Tél. : 01-43-38-77-32
Fax : 01-43-38-27-12
www.maisondennour.com
e-mail : maisondennour@yahoo.fr

Dépôt légal : troisième trimestre 2012
ISBN 2-7524-0202-3

Abdallah Dliouah

La Zakat sur les salaires

Comment s'acquitter correctement de la zakat annuelle ?

Maison d'Ennour

بسم الله الرحمن الرحيم

La Zakat sur les salaires

Le présent ouvrage propose au musulman salarié ou exerçant une profession libérale un mode opératoire facile et pratique pour s'acquitter de sa *Zakat*.

« **Seigneur, fais que nos épouses et nos enfants soient pour nous une source de bonheur ! Daigne faire de nous des modèles de piété pour ceux qui craignent le Seigneur !** »

﴿ رَبَّنَا هَبْ لَنَا مِنْ أَزْوَاجِنَا وَذُرِّيَّاتِنَا قُرَّةَ أَعْيُنٍ
وَاجْعَلْنَا لِلْمُتَّقِينَ إِمَامًا ﴾ الفرقان ، الآية 74

Introduction

Louange à Allah (ﷻ) Seigneur de l'Univers qui dit dans le saint Coran : « **Donne à chacun ce qui lui est dû, qu'il soit proche parent, pauvre ou étranger de passage. C'est la meilleure façon d'agir pour ceux qui cherchent à être agréables à Allah. Et ce sont ceux-là qui connaîtront le vrai bonheur. L'argent que vous prêtez à usure dans l'espoir de vous enrichir au détriment des biens de vos semblables ne vous sera d'aucun profit auprès de votre Seigneur ; mais l'argent que vous donnez en aumônes (*Zakat*), pour être agréables à Allah, sera pour vous porté à plusieurs fois sa valeur.** » [1]

﴿فَآتِ ذَا الْقُرْبَى حَقَّهُ وَالْمِسْكِينَ وَابْنَ السَّبِيلِ ذَلِكَ خَيْرٌ لِلَّذِينَ يُرِيدُونَ وَجْهَ اللَّهِ وَأُولَئِكَ هُمُ الْمُفْلِحُونَ . وَمَا آتَيْتُمْ مِنْ رِبًا لِيَرْبُوَا فِي أَمْوَالِ النَّاسِ فَلَا يَرْبُوا عِنْدَ اللَّهِ وَمَا آتَيْتُمْ مِنْ زَكَاةٍ تُرِيدُونَ وَجْهَ اللَّهِ فَأُولَئِكَ هُمُ الْمُضْعِفُونَ﴾ (الروم/ ٣٨-٣٩).

Prière et salut d'Allah sur notre Guide et Pro-

1 30. Sourate Les Byzantins (Ar-Rûm), versets 38-39.

phète bien-aimé, Mu<u>h</u>ammad (ﷺ), sur sa famille et tous ses fidèles Compagnons.

Il est habituel chez les imams de consacrer le sermon (*Khu<u>t</u>ba*[2]) du vendredi du début du mois sacré de *Mu<u>h</u>arram*[3] au sujet de la *Zakat*. L'objectif étant de rappeler aux fidèles l'importance de ce pilier et de les inciter à s'en acquitter.

Chaque année, après ce sermon, les fidèles, majoritairement des salariés, viennent poser aux imams diverses questions concernant la *Zakat* :

- Comment s'acquitter correctement de la *Zakat* ?
- Quel est le seuil minimal de bien à partir duquel la *Zakat* devient obligatoire *(Ni<u>s</u>âb)* ?
- Si la valeur des biens diminue en-dessous du *Ni<u>s</u>âb* au cours de l'année, doit-on reprendre le décompte de la durée

2 Voir en annexe le glossaire expliquant tous les termes arabes utilisés dans ce document.

3 Le premier mois dans le calendrier musulman (Voir le glossaire). Il est de coutume dans certains pays musulmans de s'acquitter de la *Zakat* le 10 Mu<u>h</u>arram ('Âshûrâ'), il faut savoir qu'il ne s'agit nullement d'une obligation (Voir plus loin dans le document).

(h̲awl) à partir de l'instant où le *nis̲âb* sera atteint ?

- A qui donner la *Zakat* ?
- Peut-on retarder ou avancer l'acquittement de la *Zakat* ?
- Peut-on donner la *Zakat* à nos proches qui vivent dans notre pays d'origine ?
- Doit-on donner la *Zakat* sur les bijoux en Or ou en Argent[4] que la femme utilise comme parure ?
- …

N'étant pas un savant, mais quelqu'un en contact permanent avec les fidèles et au courant de leurs préoccupations et de leurs questions les plus fréquentes, je n'édicte dans ce document ni *Fatwâs*, ni ne prétends faire de l'*Ijtihâd*… je ne fais, dans le présent ouvrage, que compiler, simplifier et transmettre les avis juridiques formulés par les savants de l'islam, tant anciens que modernes.

Les avis juridiques peuvent différer d'un sa-

4 Dans la suite du document l'Argent avec un « A » majuscule désigne le métal et avec un « a » minuscule désigne la monnaie d'échange.

vant à un autre ; c'est pourquoi, sans m'arrêter sur les divergences des savants, j'ai basé mes choix sur les principes suivants :

- Prendre prioritairement les *Fatwâs* collectives édictées par les différents conseils de *Fatwâs* ;
- Opter pour les *Fatwâs* qui simplifient la pratique de la *Zakat* ;
- Prendre les *Fatwâs* les plus adaptées au contexte occidental.

Par ailleurs, la science afférente à la pratique de la *Zakat* étant vaste, l'objectif de cet ouvrage est de traiter uniquement le sujet qui concerne la majorité des musulmans en France, à savoir la *Zakat* sur les salaires et les bénéfices générés par l'exercice des professions libérales (avocats, médecins, commerçants, artisans, etc.).

La *Zakat* des autres types de biens, comme les produits agricoles et les bétails ne sera pas traitée ici.

Ainsi, à travers cet ouvrage, je veux partager avec ceux qui se posent chaque année ce type de questions, les résultats de mes recherches qui m'ont semblé les plus adaptés à notre situation en France[5].

Qu'Allah récompense généreusement ceux et celles qui m'ont aidé à mener à bien ce travail.

Qu'Allah fasse que mon effort soit exclusivement voué à l'obtention de Sa satisfaction et qu'Il l'accepte. Il est l'Omniscient, le Sage.

5 En fonction de tel ou tel sujet relatif à la *Zakat*, il peut exister d'autres avis que ceux que j'ai adoptés dans le présent ouvrage.

Préambule

Le rapport du musulman à l'argent

La pauvreté et la richesse sont des épreuves de la vie

Avant d'entamer le sujet de la *Zakat*, il est important de connaître quelques textes qui établissent les principes généraux de la relation entre le musulman et l'argent.

Dans son infinie sagesse, Allah a rendu les uns riches et les autres pauvres afin que la vie prenne son cours normal sur terre. Car, si tous les hommes étaient riches ou pauvres, cela serait préjudiciable à leurs intérêts communs, et la vie sur terre n'aurait plus aucun sens.

La vie, avec tout ce qu'elle comporte comme bonheur et malheur, est une épreuve. Le pauvre est éprouvé par la pauvreté, de même que le riche est éprouvé par la richesse et par ce que celle-ci implique comme responsabilités.

Le Coran confirme cette vérité que beaucoup de personnes ignorent : « **Lorsque ton Seigneur, pour éprouver l'homme, l'honore et le comble de bienfaits, celui-ci dit : « Mon Seigneur**

m'a honoré ! » Mais lorsqu'Il l'éprouve en lui mesurant Ses faveurs, l'homme s'écrie : « Mon Seigneur m'a humilié ! » Eh bien non ! C'est plutôt vous qui n'êtes pas généreux avec l'orphelin ; c'est plutôt vous qui n'encouragez pas à nourrir l'homme dans le besoin ; c'est plutôt vous qui spoliez les héritiers de leurs biens et qui vouez à la richesse un amour sans fin ! Prenez garde ! Lorsque la Terre sera réduite en poussière » 89. Sourate L'Aube (Al-Fajr), versets 15-21.

﴿فَأَمَّا الْإِنسَانُ إِذَا مَا ابْتَلَاهُ رَبُّهُ فَأَكْرَمَهُ وَنَعَّمَهُ فَيَقُولُ رَبِّي أَكْرَمَنِ وَأَمَّا إِذَا مَا ابْتَلَاهُ فَقَدَرَ عَلَيْهِ رِزْقَهُ فَيَقُولُ رَبِّي أَهَانَنِ كَلَّا ۖ بَل لَّا تُكْرِمُونَ الْيَتِيمَ وَلَا تَحَاضُّونَ عَلَىٰ طَعَامِ الْمِسْكِينِ وَتَأْكُلُونَ التُّرَاثَ أَكْلًا لَّمًّا وَتُحِبُّونَ الْمَالَ حُبًّا جَمًّا كَلَّا إِذَا دُكَّتِ الْأَرْضُ دَكًّا دَكًّا﴾

سورة الْفَجْرِ ، الآيات ١٥-٢١

Allah nous demandera des comptes sur les moyens et les bienfaits qu'Il a mis à notre disposition dans ce bas monde. C'est ce que confirme le Messager (ﷺ) en disant : « (Au

Jour du jugement) aucun humain (serviteur) ne quittera (sa place pour le Paradis ou pour l'Enfer) avant qu'il n'ait été interrogé sur sa vie : à quoi l'a-t-il consacrée ; sur ses œuvres : dans quelle intention les a-t-il accomplies ; sur ses biens : de quelle façon les a-t-il acquis et comment les a-t-il dépensés ; sur son corps : à quelle fin l'a-t-il utilisé. » Hadîth rapporté par At-Tirmidhî qui le juge authentique.

قَالَ رَسُولُ اللهِ ﷺ : "لَا تَزُولُ قَدَمَا عَبْدٍ يَوْمَ الْقِيَامَةِ حَتَّى يُسْأَلَ عَنْ عُمُرِهِ فِيمَا أَفْنَاهُ، وَعَنْ عِلْمِهِ فِيمَ فَعَلَ، وَعَنْ مَالِهِ مِنْ أَيْنَ اكْتَسَبَهُ وَفِيمَ أَنْفَقَهُ، وَعَنْ جِسْمِهِ فِيمَ أَبْلَاهُ" رواه الترمذي

La richesse est une épreuve, mais aussi un bienfait d'Allah, qui nécessite de la part du croyant reconnaissance et observation des devoirs.

Le Messager (ﷺ) nous recommande de rappeler les effets de la grâce d'Allah sur nous. Il dit : « *Mangez, buvez, et dépensez dans la voie d'Allah sans gaspillage ni orgueil ; certes Allah aime voir les effets de Ses bienfaits sur son serviteur* » Hadîth authentique rapporté dans le Mustadrak.

قَالَ رَسُولُ اللهِ ﷺ : " كُلُوا، وَاشْرَبُوا، وَتَصَدَّقُوا فِي غَيْرِ سَرَفٍ وَلَا مَخِيلَةٍ، إِنَّ اللهَ تَعَالَى يُحِبُّ أَنْ يَرَى أَثَرَ نِعْمَتِهِ عَلَى عَبْدِهِ " رواه الحاكم في المستدرك وأحمد في المسند

Se rappeler, parler des bienfaits cachés et apparents d'Allah est une manière d'être reconnaissant et de rendre grâce à Son créateur et Son pourvoyeur.

C'est ce qu'Allah ordonne à chaque musulman : « **Et quant au bienfait de ton Seigneur, proclame-le** » Sourate 93 : Ad-Duhâ (Le jour montant), verset 11.

﴿وَأَمَّا بِنِعْمَةِ رَبِّكَ فَحَدِّثْ﴾ سورة الضُّحَى ، الآية ١١

La pauvreté est une épreuve amère qui nécessite de la part du croyant une patience active et une sérénité qui le poussent, tout en acceptant le destin d'Allah, à agir pour s'en sortir.

L'islam ne valorise pas la pauvreté ni la souffrance ; il nous incite à les éviter par tous les moyens légaux. Le Messager (ﷺ) nous enseigne de demander dans une même invocation la protection d'Allah contre la mécréance et contre la pauvreté. Cette liaison montre que l'extrême pauvreté peut mener vers la mécréance.

> *L'Homme est un gestionnaire et Allah est le vrai propriétaire*

Il faut toujours garder dans l'esprit que la richesse n'est pas un signe de la satisfaction d'Allah, pas plus que la pauvreté n'est pas un signe d'insatisfaction ou de colère divine. Allah donne les biens de ce bas monde indifféremment aux pieux et aux pervers.

L'Islam admet et protège la propriété privée contre toute agression ou spoliation. La propriété privée fait partie des cinq intérêts que l'islam est venu pour sauvegarder, à savoir le culte, la vie, les biens (ou la propriété), la raison et l'honneur.

Bien que l'Homme soit propriétaire de ses biens, en islam, Allah demeure le véritable propriétaire et Celui qui détermine la manière de gérer ces biens. L'Homme n'est qu'un gestionnaire qui doit respecter et se conformer à la volonté et aux exigences du véritable propriétaire. Le Coran nous dit : « **Croyez en Allah et en son**

Messager, et dépensez de ce dont Il a fait de vous les <u>dépositaires</u>. Ceux d'entre vous qui croient et dépensent [pour la cause d'Allah] auront une grande récompense. » 57. Sourate Le Fer (Al-<u>H</u>adîd), verset 7

﴿آمِنُوا بِاللَّهِ وَرَسُولِهِ وَأَنفِقُوا مِمَّا جَعَلَكُم مُّسْتَخْلَفِينَ فِيهِ ۖ فَالَّذِينَ آمَنُوا مِنكُمْ وَأَنفَقُوا لَهُمْ أَجْرٌ كَبِيرٌ﴾ سورة الحديد ، الآية ٧

> *L'amour de l'argent doit être canalisé*

L'amour des biens est une chose innée chez l'homme, qui doit cependant être contrôlée et canalisée. L'amour excessif de l'argent est une maladie du cœur, qui doit être soignée. La guérison de cette maladie ne consiste pas à en avoir plus, mais à être satisfait de ce qu'Allah nous a octroyé. Abû wâqid Al-laythî a dit : « *Nous nous rendions chez le Prophète (ﷺ) toutes les fois qu'il recevait une révélation divine et il nous en parlait. Un jour, il nous dit : « Allah dit : Nous avons fait descendre l'argent pour [que les serviteurs] acquittent la prière et donnent l'aumône légale ; si le fils d'Adam possédait une vallée remplie d'or, il voudrait encore en posséder une seconde. Pourtant, seule la terre emplira sa bouche. Et Allah se repent envers celui qui se repent (en Lui)* » Hadîth rapporté par Ahmad

عَنْ أَبِي وَاقِدٍ اللَّيْثِيِّ ، قَالَ: كُنَّا نَأْتِي النَّبِيَّ ﷺ إِذَا
أُنْزِلَ عَلَيْهِ فَيُحَدِّثُنَا، فَقَالَ لَنَا ذَاتَ يَوْمٍ: " إِنَّ اللهَ عَزَّ وَجَلَّ
قَالَ: إِنَّا أَنْزَلْنَا الْمَالَ لِإِقَامِ الصَّلَاةِ، وَإِيتَاءِ الزَّكَاةِ،
وَلَوْ كَانَ لِابْنِ آدَمَ وَادٍ، لَأَحَبَّ أَنْ يَكُونَ إِلَيْهِ ثَانٍ،
وَلَوْ كَانَ لَهُ وَادِيَانِ، لَأَحَبَّ أَنْ يَكُونَ إِلَيْهِمَا ثَالِثٌ،
وَلَا يَمْلَأُ جَوْفَ ابْنِ آدَمَ إِلَّا التُّرَابُ، ثُمَّ يَتُوبُ اللهُ
عَلَى مَنْ تَابَ " رواه الامام أحمد

L'argent n'est qu'un moyen, et il doit le rester et ne jamais devenir un objectif ou une finalité en soi. L'argent doit être dans la main et non pas dans le cœur, il faut le manipuler et ne pas le laisser diriger nos vies

> *L'argent est un moyen et non une finalité.*
> *Il doit rester dans la main, et ne jamais pénétrer dans le cœur*

et nos relations.

Le Prophète (ﷺ) nous dit dans un hadîth : « Celui qui se préoccupe de l'au-delà, Allah placera sa richesse dans son cœur, lui conférera de la sérénité, et le bas-monde viendra à lui soumis. Celui qui fait de ce bas monde son souci principal, Allah placera sa pauvreté entre ses yeux, le jettera dans la confusion, et il n'obtiendra du bas monde que ce qui lui a été prédestiné. » Hadîth rapporté par At-Tirmidhî.

عَنْ أَنَسِ بْنِ مَالِكٍ ، قَالَ : قَالَ رَسُولُ اللهِ ﷺ : " مَنْ كَانَتِ الْآخِرَةُ هَمَّهُ جَعَلَ اللهُ غِنَاهُ فِي قَلْبِهِ، وَجَمَعَ لَهُ شَمْلَهُ، وَأَتَتْهُ الدُّنْيَا وَهِيَ رَاغِمَةٌ، وَمَنْ كَانَتِ الدُّنْيَا هَمَّهُ جَعَلَ اللهُ فَقْرَهُ بَيْنَ عَيْنَيْهِ، وَفَرَّقَ عَلَيْهِ شَمْلَهُ وَلَمْ يَأْتِهِ مِنَ الدُّنْيَا إِلَّا مَا قُدِّرَ لَهُ " رواه الترمذي.

Il dit aussi : « Qu'il soit renversé, celui qui se fait l'adorateur du dinar, du dirham, du velours et du vêtement à bordure, qui est content lorsqu'il a reçu, et révolté lorsqu'il n'a pas reçu. » Hadîth rapporté par Al-Bukhârî

عَنْ أَبِي هُرَيْرَةَ رَضِيَ اللهُ عَنْهُ، عَنِ النَّبِيِّ ﷺ قَالَ : "تَعِسَ عَبْدُ الدِّينَارِ وَالدِّرْهَمِ، وَالْقَطِيفَةِ، وَالْخَمِيصَةِ إِنْ أُعْطِيَ رَضِيَ وَإِنْ لَمْ يُعْطَ، لَمْ يَرْضَ "

رواه البخاري

L'avarice une maladie du cœur dont il faut s'en débarrasser

L'amour excessif de l'argent, ainsi que l'avarice sont deux grandes maladies du cœur. C'est pourquoi le Coran nous ordonne de ne pas y succomber : « **Heureux les gens qui savent se prémunir contre leur propre avarice !** » Sourate L'Exode (Al-Hashr), verset 9.

﴿وَمَنْ يُوقَ شُحَّ نَفْسِهِ فَأُولَئِكَ هُمُ الْمُفْلِحُونَ﴾

سورة الحشر ، الآية : ٩

Le Prophète (ﷺ) dit : « Trois choses mènent l'homme à sa perte : Une avarice admise et observée, une passion suivie et la vanité qui découle de l'orgueil. Trois choses mènent l'homme au salut : la justice en cas de satisfaction comme en cas de colère, la justesse aussi bien lorsqu'on est riche que lorsqu'on est pauvre et la crainte d'Allah dans l'intimité et en public ». Il dit encore : « La foi et l'avarice ne peuvent jamais cohabiter dans le cœur d'un croyant. » Hadîth rapporté par At-Tabarânî.

عَنْ أَنَسِ بْنِ مَالِكٍ، عَنِ النَّبِيِّ ﷺ : "ثَلاثٌ مُهْلِكَاتٌ : شُحٌّ مُطَاعٌ ، وَهَوًى مُتَّبَعٌ ، وَإِعْجَابُ الْمَرْءِ بِنَفْسِهِ مِنَ الْخُيَلاءِ ، وَثَلاثٌ مُنْجِيَاتٌ : الْعَدْلُ فِي الرِّضَا وَالْغَضَبِ ، وَالْقَصْدُ فِي الْغِنَى وَالْفَاقَةِ ، وَمَخَافَةُ اللهِ فِي السِّرِّ وَالْعَلانِيَةِ" . رواه الطبراني في المعجم الأوسط

« **À celui donc qui est charitable et pieux, qui ajoute foi à la bonne Parole d'Allah, Nous faciliterons l'accès vers le bonheur ; mais à celui qui est avare et plein de suffisance, qui traite de mensonge la bonne Parole du Seigneur, Nous faciliterons l'accès vers le malheur** » 92. Sourate La Nuit (Al-Layl), versets 5-11

﴿فَأَمَّا مَنْ أَعْطَىٰ وَاتَّقَىٰ ۝ وَصَدَّقَ بِالْحُسْنَىٰ ۝ فَسَنُيَسِّرُهُ لِلْيُسْرَىٰ ۝ وَأَمَّا مَن بَخِلَ وَاسْتَغْنَىٰ ۝ وَكَذَّبَ بِالْحُسْنَىٰ ۝ فَسَنُيَسِّرُهُ لِلْعُسْرَىٰ ۝ وَمَا يُغْنِي عَنْهُ مَالُهُ إِذَا

تَرَدَّىٰ﴾ الليل ، الآيات ٥-١١

Le travail est une adoration

Chercher une subsistance qui soit exclusivement licite doit être le souci de chaque musulman. Il ne faut se nourrir soi-même ni nourrir ses enfants que de ce qui est *halâl*. S'éloigner du harâm et éviter le douteux doivent être érigés en principes qui ne doivent en aucun être enfreints.

L'islam valorise le travail. Une fois, on a demandé au Prophète (ﷺ) quel est le meilleur travail ? Il répondit : Travailler avec sa main ou faire du commerce.

Il dit encore : « *Aller chercher une charge de bois et la rapporter sur son dos vaut mieux pour chacun de vous que de demander quelque chose à quelqu'un, qu'il vous donne cette chose ou qu'il vous la refuse.* » Hadîth rapporté par Al-Bukhârî

عَنْ أَبِي هُرَيْرَةَ رَضِيَ اللهُ عَنْهُ، : قَالَ رَسُولُ اللهِ ﷺ :
"لَأَنْ يَحْتَطِبَ أَحَدُكُمْ حُزْمَةً عَلَى ظَهْرِهِ، خَيْرٌ لَهُ مِنْ
أَنْ يَسْأَلَ أَحَدًا فَيُعْطِيَهُ أَوْ يَمْنَعَهُ" رواه البخاري

Ou encore : « *Personne ne mange jamais un mets meilleur que celui qu'il a gagné par le travail de ses mains. David, le prophète d'Allah* (عليه السلام), *mangeait ce qu'il avait acquis par le travail de ses mains.* » Hadîth rapporté par Al-Bukhârî

قَالَ رَسُولُ اللهِ ﷺ : "مَا أَكَلَ أَحَدٌ طَعَامًا قَطُّ، خَيْرًا مِنْ أَنْ يَأْكُلَ مِنْ عَمَلِ يَدِهِ، وَإِنَّ نَبِيَّ اللهِ دَاوُدَ عَلَيْهِ السَّلَام، كَانَ يَأْكُلُ مِنْ عَمَلِ يَدِهِ" رواه البخاري

Le Calife 'Umar (رضي الله عنه) dit : « *Que l'un de vous ne reste pas sans travail, en disant : Seigneur ! Accorde-moi ma subsistance. Vous savez certes que le ciel ne pleut ni d'or ni d'argent* »

وَقَالَ عُمَرُ رَضِيَ اللهُ عَنْهُ : "لَا يَقْعُدُ أَحَدُكُمْ عَنْ طَلَبِ الرِّزْقِ وَيَقُولُ اللَّهُمَّ ارْزُقْنِي فَقَدْ عَلِمْتُمْ أَنَّ السَّمَاءَ لَا تُمْطِرُ ذَهَبًا وَلَا فِضَّةً. "

La *Zakat*, troisième pilier de l'Islam

En langue arabe, le terme « *Zakât* » englobe plusieurs sens : il signifie à la fois la purification, la croissance et la bénédiction.

Dans la terminologie des sciences islamiques, le terme *Zakat* est utilisé pour désigner le troisième pilier de l'islam. C'est une obligation financière que chaque musulman possédant le seuil minimal (*hawl*) doit observer.

La *Zakat* est la part déterminée dans un bien, revenant de droit aux nécessiteux. C'est pour cette raison qu'il est préférable de la traduire par « taxe » ou « impôt » et non pas par « aumône » car ce terme peut donner l'impression qu'il s'agit d'un acte facultatif.

Sachez que dans le Coran, le terme *Sadaqa* (aumône) est parfois utilisé pour désigner la *Zakat* obligatoire.

Allah ordonne à son Messager (ﷺ) de prélever cette *Zakat* sur les biens des musulmans : « ***Prélève** une aumône (Sadaqa) sur leurs biens pour les purifier et les bénir. Prie pour eux, afin que leurs âmes retrouvent leur quiétude. Allah*

est Audient et Omniscient »[6]

﴿خُذْ مِنْ أَمْوَالِهِمْ صَدَقَةً تُطَهِّرُهُمْ وَتُزَكِّيهِمْ بِهَا وَصَلِّ عَلَيْهِمْ إِنَّ صَلَاتَكَ سَكَنٌ لَهُمْ وَاللَّهُ سَمِيعٌ عَلِيمٌ﴾ (التوبة/ ١٠٣).

Dans un autre passage, Allah décrit les vrais croyants en ces termes : « **Excepté les orants qui accomplissent régulièrement leurs prières, qui prélèvent sur leurs biens la part due (la *Zakat*) au mendiant et au pauvre démuni** »[7]

﴿إِلَّا الْمُصَلِّينَ الَّذِينَ هُمْ عَلَى صَلَاتِهِمْ دَائِمُونَ وَالَّذِينَ فِي أَمْوَالِهِمْ حَقٌّ مَعْلُومٌ لِلسَّائِلِ وَالْمَحْرُومِ﴾. (المعارج/ ٢٢-٢٥).

Le Messager (ﷺ) nous explicite les piliers de l'islam dans le célèbre *hadîth* : « L'Islâm est établi sur cinq (piliers) : l'attestation qu'il n'y a de dieu qu'Allah et que Muhammad est l'Envoyé d'Allah, l'accomplissement de la prière, l'acquittement de l'aumône légale, le jeûne de Rama-

6 09. Sourate Le Repentir (At-Tawba), verset 103.

7 70. Sourate Les Degrés (Al-Ma'ârij), versets 22-25.

dân, et le pèlerinage à la Maison (sacrée de La Mecque) »[8]

عَنْ عَبْدِ اللهِ بْنِ عُمَرَ رَضِيَ اللهُ عَنْهُ أَنَّ رَسُولَ اللهِ (صَلَّى اللهُ عَلَيْهِ وَسَلَّمَ) قَالَ : «إِنَّ الإِسْلاَمَ بُنِيَ عَلَى خَمْسٍ، شَهَادَةِ أَنْ لاَ إِلَهَ إِلاَّ اللهُ، وَإِقَامِ الصَّلاَةِ، وَإِيتَاءِ الزَّكَاةِ، وَصِيَامِ رَمَضَانَ، وَحَجِّ الْبَيْتِ » متفق عليه

Pour marquer l'importance de la *Zakat*, le Coran la mentionne souvent conjointement avec la *Salât* (prière) comme dans le verset suivant : « ***Pourtant, que leur a-t-on ordonné, si ce n'est de se vouer exclusivement au culte d'Allah, d'accomplir la Salat et de s'acquitter de la Zakat, selon les principes de la religion de la droiture ?*** »[9]

﴿وَمَا أُمِرُوا إِلَّا لِيَعْبُدُوا اللهَ مُخْلِصِينَ لَهُ الدِّينَ حُنَفَاءَ وَيُقِيمُوا الصَّلَاةَ وَيُؤْتُوا الزَّكَاةَ وَذَلِكَ دِينُ الْقَيِّمَةِ﴾ (البينة/ ٥).

En islam, l'Homme n'est qu'un gestionnaire qui doit se conformer à la volonté d'Allah (ﷻ) le

8 *Hadîth* rapporté par Al-Bukhârî et Muslim

9 98. Sourate La Preuve (Al-Bayyina), verset 5.

Vrai Propriétaire de tous les biens « ***Croyez en Allah et en Son Messager ! Donnez en aumône une partie des biens dont Il a fait de vous les dépositaires, car ceux d'entre vous qui ont la foi et qui font l'aumône auront une magnifique récompense.*** »[10]

﴿آمِنُوا بِاللَّهِ وَرَسُولِهِ وَأَنْفِقُوا مِمَّا جَعَلَكُمْ مُسْتَخْلَفِينَ فِيهِ فَالَّذِينَ آمَنُوا مِنْكُمْ وَأَنْفَقُوا لَهُمْ أَجْرٌ كَبِيرٌ﴾ (الحديد/ ٧).

L'Islam a codifié la *Zakat* à travers la révélation (Coran et Sunna), et n'a pas confié cette tâche aux gouvernants ni même au savants, comme ce fut le cas dans les religions précédentes.

La *Zakat* telle qu'Allah l'a instituée possède plusieurs finalités :

- Finalité spirituelle : en incitant le musulman à se détacher de l'amour de l'argent et des biens de ce bas monde et à être en mesure de partager et de donner de ce qu'il aime.
- Finalité sociale : en favorisant la fraterni-

10 57. Sourate Le Fer (Al-Hadîd), verset 7.

té et la solidarité entre les musulmans et en éradiquant la rancune qu'un pauvre peut nourrir dans son cœur pour le riche avare.

- Finalité économique : en incitant les riches à exploiter leurs biens et à participer à la dynamisation de l'économie. La *Zakat* est un moyen efficace pour combattre la thésaurisation car les biens non fructifiés risquent de diminuer considérablement par l'effet de la *Zakat*.

Selon Anas Ibn Mâlik (ﷺ), un homme de la tribu de *Tamîm* vint trouver le Prophète (ﷺ) et lui dit « Ô Messager d'Allah, je suis un homme riche. J'ai une grande famille, et j'offre l'hospitalité à beaucoup de gens. Informe-moi de ce que je dois faire de mes biens et comment les dépenser ? » Le Prophète (ﷺ) répondit « *Acquitte-toi de la Zakat sur tes biens car c'est une purification, entretiens les rapports de parenté et respecte les droits du pauvre, du voisin et du mendiant* »[11]

عَنْ أَنَسِ بْنِ مَالِكٍ رَضِيَ اللهُ عَنْهُ ، أَنَّهُ قَالَ :
أَتَى رَجُلٌ مِنْ بَنِي تَمِيمٍ رَسُولَ اللهِ (صَلَّى اللهُ عَلَيْهِ

11 *Hadîth* rapporté par l'imam Ahmad

وَسَلَّمَ) ، فَقَالَ : يَا رَسُولَ اللهِ ، إِنِّي ذُو مَالٍ كَثِيرٍ ، وَذُو أَهْلٍ وَوَلَدٍ وَحَاضِرَةٍ فَأَخْبِرْنِي كَيْفَ أُنْفِقُ ، وَكَيْفَ أَصْنَعُ ؟ ، فَقَالَ رَسُولُ اللهِ صَلَّى اللهُ عَلَيْهِ وَسَلَّمَ : « تُخْرِجُ الزَّكَاةَ مِنْ مَالِكَ ، فَإِنَّهَا طُهْرَةٌ تُطَهِّرُكَ ، وَتَصِلُ أَقْرِبَاءَكَ ، وَتَعْرِفُ حَقَّ السَّائِلِ وَالْجَارِ وَالْمِسْكِينِ»

Ce *hadîth* indique que la *Zakat* est le droit minimum sur les biens, et qu'il existe d'autres droits dont on doit s'acquitter envers les proches et les pauvres.

Récompense de celui qui respecte cette obligation

Comme pour tous les actes d'adoration, la récompense de l'acquittement de la *Zakat* réside auprès d'Allah le jour du jugement dernier. « **Ma miséricorde embrasse toute chose ; Je la destine à ceux qui Me craignent, qui font la *Zakat* et qui croient en Nos signes** » [12]

﴿وَرَحْمَتِي وَسِعَتْ كُلَّ شَيْءٍ فَسَأَكْتُبُهَا لِلَّذِينَ يَتَّقُونَ وَيُؤْتُونَ الزَّكَاةَ وَالَّذِينَ هُمْ بِآيَاتِنَا يُؤْمِنُونَ﴾ (الأعراف/١٥٦).

Cependant cette adoration sociale et financière a une récompense anticipée dans ce bas monde car la *Zakat* est une purification :

- Elle purifie les biens en y enlevant la part du pauvre décrétée par Allah ;
- Elle purifie le donateur de l'amour excessif de l'argent, ainsi que de l'avarice ;
- Elle purifie finalement le bénéficiaire de la zakat de la haine qu'il peut ressentir

12 07. Sourate Les Murailles (Al-A'râf), verset 156.

envers les riches.

Contrairement à ce que nous pouvons penser, la *Sadaqa* et la *Zakat* ne diminuent pas les biens, au contraire. Celui qui donne un bien sur la voie d'Allah, Allah les lui remplace comme l'affirme le Coran : « **Dis : « Mon Seigneur dispense Ses dons avec largesse ou parcimonie à qui Il veut d'entre Ses créatures. Et toute dépense que vous faites, Allah vous la restituera, car Il est le plus Généreux des dispensateurs.** » [13]

﴿قُلْ إِنَّ رَبِّي يَبْسُطُ الرِّزْقَ لِمَنْ يَشَاءُ مِنْ عِبَادِهِ وَيَقْدِرُ لَهُ وَمَا أَنْفَقْتُمْ مِنْ شَيْءٍ فَهُوَ يُخْلِفُهُ وَهُوَ خَيْرُ الرَّازِقِينَ﴾ (سبأ/ ٣٩).

La valeur de tout bien réside moins dans la quantité que dans la bénédiction (*Baraka*) qu'Allah y met : « **L'argent que vous prêtez à usure dans l'espoir de vous enrichir au détriment des biens de vos semblables ne vous sera d'aucun profit auprès d'Allah ; mais l'argent que vous donnez en *Zakat*, pour être agréables à Allah, sera pour vous porté à plusieurs fois**

13 34. Sourate Saba (Saba'), verset 39.

sa valeur. » [14]

﴿وَمَا آتَيْتُمْ مِنْ رِبًا لِيَرْبُوَا فِي أَمْوَالِ النَّاسِ فَلَا يَرْبُوا عِنْدَ اللهِ وَمَا آتَيْتُمْ مِنْ زَكَاةٍ تُرِيدُونَ وَجْهَ اللهِ فَأُولَئِكَ هُمُ الْمُضْعِفُونَ﴾ (الروم/ ٣٩).

« Ceux qui dépensent leurs biens pour la Cause d'Allah sont à l'image d'un grain qui produit sept épis contenant chacun cent grains. C'est ainsi qu'Allah multiplie Sa récompense à qui Il veut, car Allah est Omniprésent et Omniscient. » [15]

﴿مَثَلُ الَّذِينَ يُنفِقُونَ أَمْوَالَهُمْ فِي سَبِيلِ اللهِ كَمَثَلِ حَبَّةٍ أَنبَتَتْ سَبْعَ سَنَابِلَ فِي كُلِّ سُنبُلَةٍ مِائَةُ حَبَّةٍ وَاللهُ يُضَاعِفُ لِمَنْ يَشَاءُ وَاللهُ وَاسِعٌ عَلِيمٌ﴾ (البقرة/ 261).

Abû Kabsha Al-Anmârî (ﷺ) a entendu le Prophète (ﷺ) dire : « Il est trois choses que je jure et dont je vais vous entretenir, alors retenez-les : jamais la fortune que possède un serviteur (d'Allah) n'a été entamée par une aumône (qu'il

14 30. Sourate Les Byzantins (Ar-Rûm), verset 39.

15 02. Sourate La Vache (Al-Baqara), verset 261.

avait faite) ; jamais un serviteur n'a fait montre de patience après avoir subi une injustice sans qu'Allah ne lui confère une considération plus grande (auprès de ses semblables) ; jamais un serviteur n'a ouvert la porte des requêtes sans qu'Allah ne lui ouvre la porte de la pauvreté – ou bien il a dit quelque chose de semblable »[16].

عَنْ أَبِي كَبْشَةَ الأَنْمَارِيِّ رَضِيَ اللهُ عَنْهُ، أَنَّهُ سَمِعَ رَسُولَ اللهِ (صَلَّى اللهُ عَلَيْهِ وَسَلَّمَ) يَقُولُ: ثَلَاثَةٌ أُقْسِمُ عَلَيْهِنَّ وَأُحَدِّثُكُمْ حَدِيثًا فَاحْفَظُوهُ ، قَالَ : «مَا نَقَصَ مَالُ عَبْدٍ مِنْ صَدَقَةٍ، وَلَا ظُلِمَ عَبْدٌ مَظْلَمَةً فَصَبَرَ عَلَيْهَا إِلَّا زَادَهُ اللهُ عِزًّا، وَلَا فَتَحَ عَبْدٌ بَابَ مَسْأَلَةٍ إِلَّا فَتَحَ اللهُ عَلَيْهِ بَابَ فَقْرٍ أَوْ كَلِمَةً نَحْوَهَا»
الترمذي

16 *Hadîth* rapporté par At-Tirmidhî.

Punition de celui qui néglige cette obligation

Celui qui rejette le devoir de la *Zakat* et ne reconnaît pas son caractère obligatoire, est considéré par tous les savants de l'islam comme un non musulman.

Dire que la *Zakat* n'est pas adaptée à l'époque moderne ou qu'elle est contradictoire avec le progrès et l'évolution de l'humanité est aussi une forme de négation.

Celui qui, tout en reconnaissant le caractère obligatoire de la *Zakat*, ne s'en acquitte pas par oubli ou par avarice, commet un péché majeur qui ne s'efface que par un repentir sincère et le paiement de la *Zakat* due durant les années précédentes.

Actuellement, dans certains pays musulmans les autorités ne se chargent plus de la collecte et de la distribution de la *Zakat* comme cela se faisait auparavant. Aussi s'acquitter de sa *Zakat* devient un acte individuel que chaque musulman doit observer en son âme et conscience même si aucune autorité ne la lui réclame. Il le fait car il sait qu'Allah (ﷻ) lui demandera des comptes le jour du jugement dernier concernant ce devoir.

Ceci est aussi valable pour nous autres musulmans qui vivons dans des pays non musulmans.

Celui qui ne respecte pas ce pilier, Allah lui a promis un grand châtiment et une sévère punition dans cette vie et dans l'au-delà.

Allah (ﷻ) et son Messager (ﷺ) ont menacé ceux qui ne s'acquittaient pas de leur *Zakat* dans plusieurs versets et *hadîth*. Le verset le plus explicite est le suivant : « **Annonce <u>à ceux qui thésaurisent Or et Argent</u>, au lieu de les consacrer à la Cause d'Allah, un châtiment douloureux, le jour où ces métaux seront portés à l'incandescence dans le feu de la Géhenne et appliqués sur leurs fronts, leurs flancs et leurs dos : « Voici, leur sera-t-il dit, ce que vous thésaurisiez pour vous-mêmes ! Savourez donc ce que vous avez thésaurisé ! »** [17]

﴿وَالَّذِينَ <u>يَكْنِزُونَ الذَّهَبَ وَالْفِضَّةَ</u> وَلَا يُنفِقُونَهَا
فِي سَبِيلِ اللَّهِ فَبَشِّرْهُم بِعَذَابٍ أَلِيمٍ يَوْمَ يُحْمَىٰ
عَلَيْهَا فِي نَارِ جَهَنَّمَ فَتُكْوَىٰ بِهَا جِبَاهُهُمْ وَجُنُوبُهُمْ
وَظُهُورُهُمْ هَٰذَا مَا كَنَزْتُمْ لِأَنفُسِكُمْ فَذُوقُوا مَا كُنتُمْ

17 09. Sourate Le Repentir (At-Tawba), versets 34-35.

تَكْنِزُونَ﴾ (التوبة/ ٣٤-٣٥).

Le Prophète (ﷺ) a dit : « Le bien qu'Allah a donné à un homme qui n'en acquitte pas l'aumône légale, sera transformé au Jour de la résurrection en un serpent chauve avec deux taches ; ce serpent s'enroulera autour du cou de cet homme et, lui prenant les deux coins de la bouche, lui dira : Je suis ton bien, je suis ton trésor. Ensuite, le Prophète (ﷺ) récita ce verset : « **Que ceux qui se montrent avares des biens qu'Allah leur a généreusement octroyés ne s'imaginent pas que cela soit à leur avantage. C'est, au contraire, un malheur pour eux, car, le Jour de la Résurrection, ils porteront comme un carcan au cou les biens qu'ils auront amoureusement accumulés. En effet, l'héritage des Cieux et de la Terre appartient au Seigneur qui est parfaitement Instruit de tout ce que vous faites.** » [18]

عَنْ أَبِي هُرَيْرَةَ رَضِيَ اللهُ عَنْهُ قَالَ : قَالَ رَسُولُ اللهِ (صَلَّى اللهُ عَلَيْهِ وَسَلَّمَ) : « مَنْ آتَاهُ اللهُ مَالاً فَلَمْ يُؤَدِّ زَكَاتَهُ ، مُثِّلَ لَهُ مَالُهُ يَوْمَ الْقِيَامَةِ شُجَاعًا أَقْرَعَ لَهُ

18 *Hadîth* rapporté par Al-Bukhârî et Muslim. [03. Sourate La Famille d'Imran (Âl-'Imrân), verset 180.]

زَبِيبَتَانِ يُطَوَّقُهُ يَوْمَ الْقِيَامَةِ ، ثُمَّ يَأْخُذُ بِلِهْزِمَتَيْهِ يَعْنِي شِدْقَيْهِ ، ثُمَّ يَقُولُ أَنَا مَالُكَ أَنَا كَنْزُكَ ، ثُمَّ تَلَا : ﴿وَلَا يَحْسَبَنَّ الَّذِينَ يَبْخَلُونَ﴾ سورة آل عمران آية ١٨٠ رواه الشيخان

L'amour excessif de l'argent et l'avarice sont deux grandes maladies du cœur. Le Coran nous ordonne de ne pas succomber à ces maladies « **… Heureux les gens qui savent se prémunir contre leur propre avarice !** » [19]

﴿وَمَنْ يُوقَ شُحَّ نَفْسِهِ فَأُولَئِكَ هُمُ الْمُفْلِحُونَ﴾ (الحشر / ٩).

Le Prophète (ﷺ) dit : « *Le pire que je crains pour vous se résume en trois choses, lesquelles mènent l'homme à sa perte : une avarice admise et observée, une passion suivie et l'admiration que chacun ayant une opinion voue à son point de vue* »[20]

عَنْ أَنَسِ بْنِ مَالِكٍ رَضِيَ اللهُ عَنْهُ ، قَالَ : قَالَ رَسُولُ اللهِ (صَلَّى اللهُ عَلَيْهِ وَسَلَّمَ) : «أَخْوَفُ مَا

19 59. Sourate L'Exode (Al-Hashr), verset 9.

20 *Hadîth* rapporté dans le livre du *Zuhd* de l'imam Ahmad.

أَخَافُ عَلَيْكُمْ ثَلاثُ مُهْلِكَاتٍ : شُحٌّ مُطَاعٌ ، وَهَوًى مُتَّبَعٌ ، وَإِعْجَابُ كُلِّ ذِي رَأْيٍ بِرَأْيِهِ» الزهد لأحمد بن حنبل

Il dit encore : « *La foi et l'avarice ne peuvent jamais cohabiter dans le cœur d'un croyant.* » [21]

عَنْ أَبِي هُرَيْرَةَ رَضِيَ اللَّهُ عَنْهُ، قَالَ : قَالَ رَسُولُ اللَّهِ (صَلَّى اللهُ عَلَيْهِ وَسَلَّمَ) : « لا يَجْتَمِعُ الشُّحُّ ، وَالإِيمَانُ فِي قَلْبِ مُؤْمِنٍ أَبَدًا » المعجم الأوسط للطبراني

Comme la *Zakat* est une bénédiction et une purification des biens, ne pas s'en acquitter est source de malédiction et de corruption pour les biens. Comme un fruit pourri qui finit par pourrir tout le panier, l'argent de la *Zakat* que l'on n'acquitte pas corrompt le bien et le dépouille de toute bénédiction.

Selon 'Âisha (رضي الله عنها) le Prophète (ﷺ) dit : « *Jamais la Zakat due ne se mélange à quelque bien sans le corrompre.* »[22]

21 *Hadîth* rapporté par At-Tabarânî.

22 *Hadîth* rapporté par Ash-Shafi'î et Al-Bukhârî dans son *Târîkh*.

عن عائشة رَضيَ اللهُ عَنْها، أنَّ النَّبيَّ (صَلَّى اللهُ عَلَيْه وَسَلَّمَ) قالَ : «مَا خَالَطَت الصَّدَقَةُ مَالاً إلَّا أَهْلَكَتْهُ» رواه الشافعي والبخاري في التاريخ

Al-Hamîdî commente ce *hadîth* ainsi : « C'est quand la *Zakat* sur un bien devient obligatoire et que tu ne t'en acquittes pas que l'illicite (*Harâm*) corrompt et détruit le licite (*Halâl*). »

Le *hadîth* suivant montre que la punition divine peut être collective et toucher toute la société qui s'éloigne des prescriptions divines et transgresse les limites fixées par Allah.

Ibn 'Umar (رضي الله عنهما) relate que le Messager (ﷺ) est arrivé vers eux en disant « Ô vous assemblée de Muhâjirîn, il est cinq choses qu'il faut éviter, et dont je demande à Allah de vous protéger : Aucun peuple ne vit dans la dépravation morale[23] et la revendique publiquement sans qu'il ne soit touché par la peste et les maladies qui n'existaient pas chez ses ancêtres. Aucun peuple ne pratique la fraude dans ses pesées et ses mesures sans qu'il ne soit éprouvé par la sécheresse, la disette et la tyrannie des gouverneurs. Aucun peuple ne refuse de s'acquitter de la *Zakat* sans

23 Adultère, fornication, pédophilie, …

qu'il ne soit privé de pluie, et n'était la miséricorde divine envers les animaux, il ne recevrait pas une goutte de pluie. Aucun peuple ne rompt son engagement envers Allah et Son Messager (ﷺ) sans que soit envoyé contre lui un ennemi extérieur qui s'empare d'une partie de ses biens. Aucun peuple dont les gouverneurs refusent de juger selon le livre d'Allah en s'en remettant à ce qu'Allah a révélé sans qu'il ne soit touché par la division et les conflits internes »[24]

عَنْ عَبْدِ اللهِ بْنِ عُمَرَ رَضِيَ اللهُ عَنْهُما، قَالَ: أَقْبَلَ عَلَيْنَا رَسُولُ اللهِ (صَلَّى اللهُ عَلَيْهِ وَسَلَّمَ) فَقَالَ: « يَا مَعْشَرَ الْمُهَاجِرِينَ، خَمْسٌ إِذَا ابْتُلِيتُمْ بِهِنَّ، وَأَعُوذُ بِاللهِ أَنْ تُدْرِكُوهُنَّ، لَمْ تَظْهَرِ الْفَاحِشَةُ فِي قَوْمٍ قَطُّ، حَتَّى يُعْلِنُوا، بِهَا إِلَّا فَشَا فِيهِمُ الطَّاعُونُ وَالأَوْجَاعُ، الَّتِي لَمْ تَكُنْ مَضَتْ فِي أَسْلَافِهِمُ الَّذِينَ مَضَوْا، وَلَمْ يَنْقُصُوا الْمِكْيَالَ وَالْمِيزَانَ، إِلَّا أُخِذُوا بِالسِّنِينَ، وَشِدَّةِ الْمُؤْنَةِ، وَجَوْرِ السُّلْطَانِ عَلَيْهِمْ، وَلَمْ يَمْنَعُوا زَكَاةَ أَمْوَالِهِمْ إِلَّا مُنِعُوا الْقَطْرَ مِنَ السَّمَاءِ، وَلَوْلَا الْبَهَائِمُ لَمْ يُمْطَرُوا وَلَمْ

24 Rapporté par Ibn Mâjah dans Ses *Sunan*.

<u>يَنْقُضُوا عَهْدَ اللهِ</u>، وَعَهْدَ رَسُولِه إِلَّا سَلَّطَ اللهُ عَلَيْهِمْ
عَدُوًّا مِنْ غَيْرِهِمْ، فَأَخَذُوا بَعْضَ مَا فِي أَيْدِيهِمْ وَمَا لَمْ
تَحْكُمْ أَئِمَّتُهُمْ بِكِتَابِ اللهِ، وَيَتَخَيَّرُوا مِمَّا أَنْزَلَ اللهُ إِلَّا
جَعَلَ اللهُ بَأْسَهُمْ بَيْنَهُمْ » سنن ابن ماجة

Les biens soumis à la Zakat

Pour qu'un bien soit soumis à la *Zakat* il doit nécessairement satisfaire aux conditions suivantes :

- La possession complète
- La possession légale
- La disponibilité
- La fructification ou la possibilité de fructification
- Le surplus

La possession complète

L'exemption de tout droit ou de dette à échéance immédiate

Ne sont pas soumis à la *Zakat* :

- Le bien perdu et dont l'espoir de le récupérer est faible et incertain ;
- L'argent prêté à une personne ou à une institution et dont le remboursement n'est pas garanti ;
- L'argent du trésor public ou d'une association d'utilité public.

Est soumis à la *Zakat* l'argent prêté à une personne ou à une institution et dont le remboursement est garanti ;

La possession légale

Le bien acquis d'une manière illégale (*Harâm*) n'est pas soumis à la *Zakat* car Allah est bon et Il n'accepte que ce qui est bon.

Exemples : Tout bien provenant de : vol, escroquerie, vente d'alcool, jeux de hasard, intérêts bancaires, etc.

Ce bien doit être restitué intégralement à son propriétaire ou à ses héritiers. Si le propriétaire n'est pas connu ou n'est pas une personne physique alors le bien doit être donné en aumône à des pauvres et au profit d'œuvres caritatives.

La disponibilité

La possibilité de disposer de ce bien à n'importe quel moment.

Ne sont dès lors pas soumis à la *Zakat* :

- Le bien inaccessible et bloqué contre la volonté de son propriétaire par une autorité ou une personne ;
- Le bien servant au remboursement d'une

dette à échéance immédiate ;

Est soumis à la *Zakat* l'argent bloqué par son propriétaire ou par un organisme dans le but de le faire fructifier. (Plan d'épargne d'entreprise, etc.)

LA FRUCTIFICATION OU LA POSSIBILITÉ DE FRUCTIFICATION

Pour que le bien soit soumis à la *Zakat* il faut qu'il soit fructifié ou fructifiable (possibilité de le fructifier).

L'islam incite à la fructification des biens et combat la thésaurisation. La Zakat est un moyen efficace pour que l'argent circule entre toutes les personnes et tous les niveaux sociaux. L'argent ne doit pas rester thésaurisé ou entre les mains d'une seule catégorie.

Ne sont pas soumis à la *Zakat* :

- Les bijoux d'ornement pour les femmes quand la quantité est raisonnable ;
- Les maisons, les terrains, les voitures, les meubles ; (Sauf dans le cas où ces objets sont à vendre comme une marchandise) ;

Sont soumis à la *Zakat* :

- La marchandise exposée à la vente, les actions en bourse ;
- Les bijoux possédés par un homme ou la vaisselle en Or ou en Argent [25];
- Les bijoux en grande quantité possédés par une femme et utilisé comme épargne ;

LE SURPLUS

Il s'agit de l'argent non utilisé pour les besoins fondamentaux de la personne et des personnes à sa charge.

Ne sont pas soumis à la *Zakat* les biens nécessaires pour la vie et pour le travail, comme la maison et son fonctionnement, la voiture et son entretien, la nourriture, les habits, la santé, le local commercial, la terre agricole, le local et les outils de travail ou du commerce ;

Cependant l'excédent du salaire et l'excédent de l'argent gagné par les artisanats et les professions libérales sont soumis à la Zakat si la quantité dépasse le *Nis̲âb*.

---

25 Il est interdit pour un homme d'utiliser les bijoux en Or comme il est interdit d'utiliser la vaisselle en Or ou en Argent.

LE NISÂB

La *Zakat* n'est exigée que des personnes qui en ont les moyens et qui, en plus de subvenir aux besoins fondamentaux de leurs familles, arrivent à mettre de l'argent de côté.

« … Ils t'interrogent également sur ce qu'ils doivent dépenser en aumône, dis-leur de donner <u>le surplus excédant leurs besoins</u> ; Tels sont les enseignements qu'Allah vous donne pour vous amener à réfléchir »[26]

﴿وَيَسْأَلُونَكَ مَاذَا يُنفِقُونَ قُلِ الْعَفْوَ كَذَٰلِكَ يُبَيِّنُ اللَّهُ لَكُمُ الْآيَاتِ لَعَلَّكُمْ تَتَفَكَّرُونَ﴾ (البقرة/ ٢١٩).

Ibn 'Abbâs (رضي الله عنهما) interprète cet "excédent" comme étant la somme d'argent qui reste après avoir pourvu à tous les besoins essentiels de la famille. Le Prophète (ﷺ) dit : « *Il n'y a de Zakat que quand il y a de la richesse* » [27].

عَنْ أَبِي هُرَيْرَةَ رَضِيَ اللهُ عَنْهُ قَالَ: قَالَ رَسُولُ اللهِ (صَلَّى اللهُ عَلَيْهِ وَسَلَّمَ): « لَا صَدَقَةَ إِلَّا عَنْ ظَهْرِ

26 02. Sourate La Vache (Al-Baqara), verset 219.

27 *Hadîth* rapporté par L'imam Ahmad.

غِنًى » رواه الإمام أحمد

Pour identifier ceux qui doivent payer la *Zakat* l'islam à instauré la notion du *Nis̲âb*, c'est le seuil minimal à partir duquel la *Zakat* devient obligatoire pour la personne le possédant.

Pour éviter que les passions et les intérêts des hommes n'interviennent dans la détermination de qui doit payer la *Zakat*, le Prophète (ﷺ) a fixé lui-même le *Nis̲âb* de chaque type de bien.

Comme nous ne nous intéressons dans cet ouvrage qu'aux salariés et aux professions libérales, le seul type de bien que nous allons évoquer c'est l'argent[28].

L'argent que nous utilisons aujourd'hui comme moyen de paiement n'existait pas à l'époque du Prophète (ﷺ). Le commerce se faisait soit par l'échange de marchandises (troc) soit par l'échange en utilisant des pièces d'Or ou d'Argent.

Le Prophète (ﷺ) a fixé le *Nis̲âb* de l'Or à 20 *Dinars* (85 grammes) et celui de l'Argent à 200 *Dirhams* (595 grammes). A son époque ces

28 Attention dans ce chapitre à bien faire la différence entre l'Argent (métal) et l'argent comme moyen d'échange.

deux quantités avaient la même valeur. [29]

Actuellement, l'Argent a perdu de sa valeur et l'Or est beaucoup plus cher que l'Argent. C'est pour cette raison que la valeur du *Nisâb* en Euro (ou une autre devise) n'est pas la même selon que nous nous basons sur l'Or ou sur l'Argent pour calculer ce dernier.

Dans son célèbre livre de référence « *Fiqh Az-Zakât* » [30] le Sheikh Yûsuf Al-Qaradâwî a choisi de se baser sur l'Or pour calculer le *Nisâb* de l'argent car utilisé dans les échanges internationaux. En outre sa valeur actuelle est proche de celle de l'époque du Prophète (ﷺ). Le *Nisâb* en Or ou en Argent à l'époque du Prophète (ﷺ) pouvait être échangé contre 20 moutons. Cet échange est presque encore valable aujourd'hui pour l'Or, mais plus pour l'Argent.

Dans cet ouvrage, nous adoptons le *Nisâb* basé sur l'Or [31]. Outre le Sheikh Yûsuf Al-Qara-

---

29 Avec 20 *Dinars* d'Or on pouvait avoir 200 *Dirhams* d'Argent et vice versa. Le poids en grammes est fixé par les savants contemporains et notamment le Sheikh Yûsuf Al-Qaradâwî.

30 Le Sheikh Yûsuf Al-Qaradâwî a consacré sa thèse de doctorat au sujet de la *Zakat*. Son livre de 1200 pages, édité plusieurs fois, est devenu une référence en la matière.

31 Se baser sur l'Argent pour calculer le *Nisâb* de l'argent

dâwî plusieurs savants sont de cet avis comme le Sheikh Wahba Az-Zuhaylî, Sheikh Muhammad Al-Ashqar et bien d'autres savants et conseils de *Fatwâs* (voir la Fatwâ 3 dans les annexes).

Le *Nisâb* de l'Euro est donc l'équivalent de 85 grammes d'Or, ce qui correspond à une valeur de **3 520 Euro** pour la date du 29/02/2012.[32]

est aussi l'avis défendu par un certain nombre de savants notamment ceux issus de l'école *Hanafite*. Cet avis s'appuie sur plusieurs textes prophétiques. En prenant le calcul sur la base de 595 grammes d'Argent, le *Nisâb* est estimé en 2009 à 250 €. Le *Nisâb* calculé sur la base de l'Argent est plus favorable aux pauvres et élargit significativement le cercle des personnes redevables de la *Zakat*.

32 Pour suivre l'historique des valeurs et le cours de l'Or et de l'Argent, visitez le site suivant : http://www.24hgold.com).

Règle de base : La *Zakat* de l'argent consiste à prélever et à donner aux ayants droit chaque *Hawl* (année lunaire) 2,5 % du bien si ce dernier atteint le *Nisâb* (seuil minimal en argent).

La méthode que je propose dans cet ouvrage est un mode opératoire pour faciliter le paiement de la *Zakat* aux salariés et aux professions libérales.[33]

Cette méthode n'est pas une *Fatwâ* (avis juridique) ni un *Ijtihâd* (effort intellectuel d'interprétation) mais une simple illustration et adaptation des différentes *Fatwâs* émises par des savants anciens et contemporains.

Avant de détailler cette méthode, la voici résumée en quelques points :

1. Fixer une date hégire anniversaire unique. Cette date marque le début et la fin du *Hawl*. Elle ne change pas même si les biens soumis à la *Zakat* passent durant le *Hawl* en dessous du *Nisâb*.

33 Voir en annexe l'avis spécifique du Sheikh Yûsuf Al-Qaradâwî concernant la Zakat sur les salaires.

2. Vérifier la valeur actuelle du *Nisâb* : le prix du gramme d'Or à cette date multiplié par 85. [34]

3. À l'échéance de cette date, faire l'inventaire de tout l'argent soumis à la *Zakat* et calculer la somme totale.

4. Si cette somme totale est inférieure au *Nisâb*, aucune *Zakat* n'est à payer. [35]

5. Si cette somme totale est équivalente ou supérieure au *Nisâb*, la *Zakat* doit être payée sur cette somme.

6. La *Zakat* est égale à 2,5 % de cette somme totale. Exemple : sur 10000 €, la *Zakat* est égale à 250 € (10000 € X 0,025 = 250 €)

7. Préparer la somme [36] de la *Zakat* en ayant l'intention de la donner comme *Zakat* et la remettre, le jour même à la personne, l'organisme ou l'association à qui vous avez décidé de la donner. Pour

---

34 Pour suivre l'historique des valeurs et le cours de l'Or et de l'Argent, visitez le site suivant : http://www.24hgold.com).

35 Dans ce cas là, une *Sadaqa* peut être donnée pour celui qui veut se rapprocher plus d'Allah.

36 Préparer la somme soit en la retirant de la banque, soit en remplissant un chèque, soit en l'isolant de son argent liquide.

ne pas retarder le paiement de la *Zakat*, il est préférable de déterminer au préalable à qui la donner (consultez le chapitre consacré aux ayants droit).

8. Il est possible de payer une partie ou la totalité de la *Zakat* avant la date anniversaire, mais il est interdit de retarder l'acquittement de celle-ci sauf pour une raison valable.

FIXER UNE DATE ANNIVERSAIRE UNIQUE DE LA ZAKAT

La *Zakat* sur l'argent est obligatoire annuellement ; elle se calcule sur une période d'une année lunaire (calendrier hégirien) dite *H̠awl.* Une année lunaire est inférieur par rapport à une année solaire d'environ 10 jours.

Le début du *H̠awl* ou la date lunaire anniversaire correspond au jour où pour la première fois l'argent atteint le *Nis̠âb.*

Pour fixer une date anniversaire, le musulman doit vérifier périodiquement si la somme de son argent atteint le *Nis̠âb.* Dès que cela arrive, il doit noter cette date lunaire et la considérer comme le début de son *H̠awl* (date anniversaire).

Pour un musulman aisé (possédant le *Nis̠âb*)

qui ne paie pas la *Zakat* par manquement à ses obligations (par ignorance ou avarice) et qui décide de se repentir à Allah, la date anniversaire sera alors la date de son retour à Allah.

Celui qui donnait sa *Zakat* sans avoir fixé une date anniversaire, doit la fixer à condition de ne pas dépasser un *Hawl* depuis la dernière fois qu'il s'est acquitté de la *Zakat*.

Pour ne pas oublier la date anniversaire, il est préférable de la faire coïncider avec une date connue comme le 10 *Muharram* (*'Âshûra*) ou le 27 *Ramadan* (La nuit du destin). Cela est possible en avançant la date anniversaire.

Exemple : Une personne qui a noté la date du 4 *Rajab* [37]comme date anniversaire de la *Zakat*, peut, au lieu d'attendre le 4 *Rajab* de l'année prochaine, choisir de donner la *Zakat* en avance à une date connue comme le 10 *Muharram*. Cela revient à s'acquitter de la *Zakat* pour cette année quelques mois en avance mais permet de faire coïncider la date anniversaire avec une date célèbre.

37 Les mois lunaires du calendrier musulman sont dans l'ordre : *Muharram, Safar, Rabî' al-Awwal, Rabî' ath-Thânî, Jumâda al-Ûlâ, Jumâda ath-Thâniya, Rajab, Sha'bân, Ramadân, Shawwâl, Dhû al-Qa'da, Dhû al-Hijja.*

Ancienne date 4 Rajab → 7 (Rajab)

Nouvelle date 10 Muharram ('Âshûra) → 1 (Muharram)

1	2	3	4	5	6	7	8	9	10	11	12	1
Mu-har-ram	Safar	Rabî' Al-awwal	Rabî' Ath-Thânî	Jum-âdâ Al-ûlâ	Jumâ-dâ Ath-Thâni-ya	Rajab	Sha'-bân	Rama-dan	Shaw-wâl	Dhû Al-Qa'da	Dhû Al-Hijja	Muhar-ram
Année 1432												Année 1433

Une fois la date anniversaire fixée, la vérification du *Nis̲âb* et le paiement de la *Zakat* se feront toujours à cette date et sans faire attention à la diminution ni à l'augmentation des biens au cours de l'année.

Cette méthode permet d'éviter d'avoir à gérer plusieurs dates de *Zakat* (une pour chaque rentrée d'argent). Elle est basée sur l'avis adopté par le congrès mondial de la *Zakat* qui a eu lieu au Koweït en 1984, (Voir la Fatwâ 1 dans les annexes).

C'est aussi l'avis de l'école H̲anafite qui considère que les biens acquis doivent être additionnés aux biens déjà existants, qui sont de même nature ; la date de la *Zakat* des biens acquis est dès lors la même que celle des biens existants.[38]

---

38 L'avis des autres écoles juridiques consiste à avoir une date spécifique pour chaque gain et attendre une année lunaire pour donner sa *Zakat*. Ceci revient pour un salarié à donner la *Zakat* chaque mois pour L'excédent d'argent qu'il a gagné depuis une année lunaire.
Cette méthode nécessite une gestion et un suivi précis de l'évolution de chaque somme d'argent gagnée et de chaque paiement effectué car les salaires sont versés sur un seul compte. C'est pour cette raison qu'elle est très difficile, voire impossible à adopter et risque, à cause de sa complexité, de décourager beaucoup de personnes de s'acquitter de leur *Zakat*.

Calculer l'intégralité de biens soumis à la *Zakat*

Pour s'acquitter de sa *Zakat*, le musulman doit recenser et inventorier tout l'argent soumis à la *Zakat* :

- L'argent qu'il possède en banque : tous les comptes épargne[39] et tous les comptes courants. (L'argent épargné pour une nécessité de la vie comme la préparation d'un mariage, l'achat d'une résidence principale ou d'une voiture pour la famille doit être intégré dans ce calcul, car il est soumis à la *Zakat*) ;
- Plus l'argent liquide qui est en sa possession ;
- Pour un commerçant : Plus la valeur de la marchandise acquittée et destinée à la vente cette année. (La valorisation doit se faire sur la base du prix de vente en gros. Voir la question concernant la *Zakat* de la marchandise) ;
- Plus la valeur des éventuelles actions en

39 Voir le point concernant les intérêts bancaires dans le chapitre Questions/Réponses

bourse. (Voir la question concernant la *Zakat* des actions en bourse) ;

- Moins les éventuels emprunts qu'il doit rembourser urgemment ou dans un court délai. (Pour les dettes et les emprunts, consulter le chapitre Questions diverses).
- Moins les éventuelles factures ou les taxes dues mais non encore réglées.

Exemple : une personne qui possède un compte courant contenant 2050 €, un compte épargne contenant 3800 € et 120 € en argent liquide. Cette personne n'a pas encore réglé les factures de téléphone (30 €) et d'électricité (130 €).

Le calcul est le suivant : 2050 € + 3800 € + 120 € - 30 € - 130 € = 5810 €. Cette somme dépasse le *Nisâb* (5810 € > 2358 € [40]), cette personne doit donner une *Zakat* de 145,25 € (= 5810 € X 0,025)

Pour que l'argent reste en dessous du *Nisâb* et éviter ainsi de payer la Zakat, certains font des achats inutiles et non justifiés juste avant la date anniversaire. Ces personnes rusent pour ne pas payer la Zakat, mais Allah connaît ce qu'il y a au

40 C'est la valeur du *Nisâb* selon le prix de l'or à la date du 12/04/2010 (date de rédaction de cet ouvrage).

fond de leurs cœurs.

AVOIR L'INTENTION DE DONNER LA *ZAKAT*

La *Zakat* étant un acte d'adoration, l'intention doit, comme pour tous les autres actes adoratifs, précéder son versement.

Pour la *Salât*, la *Zakat*, le *Siyâm* (*jeûne*), l'intention est un acte du cœur, il ne doit pas être formulé oralement. Par contre pour d'autres adorations comme le *Hajj*, la *'Umra* et le sacrifice l'intention doit être, en plus du cœur, formulée oralement.

La formulation de l'intention peut avoir lieu au moment de prélever ou d'isoler le montant de la *zakat* en vue de le donner ou au moment de le donner aux ayants droit. Elle ne peut se faire après l'accomplissement de l'acte, à savoir l'acquittement de la *zakat*.

La *Zakat* obligatoire et la *Sadaqa* facultative peuvent en apparence se confondre car il s'agit dans les deux cas de donner une partie de ses biens aux ayants droit. Ce qui différencie les deux actes, c'est l'intention qui les accompagne.

Si une personne donne des biens en nature ou en argent aux pauvres sans avoir l'intention de les donner en tant que *Zakat*, ils sont considérés comme Sadaqa.

AVANCER LE PAIEMENT DE LA *ZAKAT*

Il est permis d'avancer la *Zakat* jusqu'à deux *Hawl* mais il n'est pas permis de la retarder au-delà de la date anniversaire du *Hawl*. Si, exceptionnellement et pour une raison valable, comme attendre le retour d'un ayant droit, le musulman doit retarder sa *Zakat*, il doit l'isoler[41] du reste de ses biens et indiquer aux membres de sa famille qu'il s'agit d'une *Zakat*. Si jamais la mort l'atteint, sa famille doit la donner à son ayant droit.

Exemple : une personne dont la date anniversaire est le 10 *Muharram*. Durant le *Hawl*, elle a avancé au titre de la *Zakat* 200 € pour aider un endetté, et 100 € pour les sinistrés d'une catastrophe naturelle. [42] A la date anniversaire, cette personne fait ses calculs et trouve qu'elle doit payer 400 € de *Zakat*. Comme elle a déjà avancé 300 € de *Zakat*, elle doit s'acquitter le 10 *Muharram* de 100 € uniquement.

41 Préparer la somme soit en la retirant de la banque, soit en remplissant un chèque, soit en l'isolant de son argent liquide, etc.

42 Il n'est pas très recommandé de morceler la *Zakat* en plusieurs petites sommes.

1	2	3	4	5	6	7	8	9	10	11	12	1
Mu-<u>h</u>ar-ram	<u>S</u>afar	Rabî' Al-awwal	Rabî' Ath-Thânî	Jum-âdâ Al-ûlâ	Jum-âdâ Ath-Thân-iya	Rajab	Sha'-bân	Rama-dan	Shaw-wâl	Dhû Al-Qa'da	Dhû Al-<u>H</u>ijja	Mu<u>h</u>-arram
		200				100						
												400

200 € donnée pour aider un endetté

100 € donnée pour aider les sinistrés d'une catastrophe naturelle

400 € de Zakat à la date anniversaire

Supposons que cette personne avait avancé 500 €, elle aurait le choix entre deux options :

- Considérer les 100 € donnés en plus comme une *Sadaqa*.
- Considérer les 100 € comme une avance sur la *Zakat* pour du prochain *Hawl.*

Il est aussi envisageable de périodiser (chaque mois, chaque trimestre, etc.) le paiement de la *Zakat* en l'avançant.

Par exemple, prendre en charge un orphelin en payant une somme d'argent chaque mois. A la date anniversaire, la somme totale versée à l'orphelin doit être calculée et comparée à la valeur de la *Zakat* due. La même méthode de l'exemple précédent doit être appliquée.

EXEMPLE SUR LA *ZAKAT* ET LE *H̲AWL*

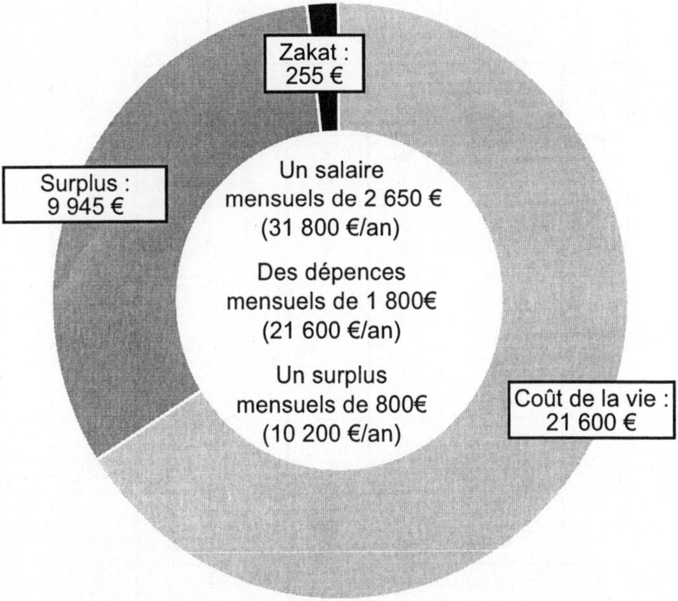

L'illustration ci-dessus est un exemple concret qui montre que pour un salarié la valeur de la *Zakat* ne représente pas une grande somme. 255 € représente 2,5 % du surplus qui s'élève à 10200 €. Malgré cela certains ont beaucoup de mal à débourser cette somme et à la donner à ses ayants droit.

	1	2	3	4	5	6	7	8	9	10	11	12	1
	Mu-ḫar-ram	Ṣafar	Rabî‘ Al-awwal	Rabî‘ Ath-Thânî	Ju-mâdâ Al-ûlâ	Ju-mâdâ Ath-Thâ-niya	Rajab	Sha‘-bân	Rama-dan	Shaw-wâl	Dhû Al-Qa‘da	Dhû Al-Ḫijja	Mu-ḫar-ram
Niṣâb	1800	1900	2000	2010	2150	2200	2250	2300	2350	2400	2450	2500	2600
Ab-dallah	3000€	3200€	3400€	3600€	3800€	4000€	4200€	4400€	4600€	4800€	5000€	5200€	5400€
Sou-maya	2100€	2500€	1000€	1400€	1800€	2200€	2600€	3000€	3400€	3800€	4200€	4600€	5000€
Omar	2500€	2300€	2100€	1900€	1700€	1500€	1300€	1100€	900€	700€	500€	300€	100€
Jahil	3600€	3800€	4000€	4200€	4400€	4600€	4800€	5000€	5200€	5400€	5600€	5800€	200€

Le Tableau ci-dessus donne des exemples d'évolution des comptes de 4 personnes ayant des situations différentes.

- La date anniversaire est fixée pour les 4 exemples au 10 *Muharram ('Âshûra).*
- Le *Nisâb* augmente selon le prix de l'Or. En 2009/2010, l'augmentation de la valeur de l'Or était très sensible, elle est passée de 1800 € à 2600 € en une année lunaire.
- Abdallah est un ouvrier qui arrive à mettre de côté une valeur de 200 € par mois il a payé la *Zakat* de 75 € pour l'année dernière sur une somme totale de 3000 € et il doit payer la *Zakat* de 135 € pour cette année sur une somme totale de 5400 €.
- Soumaya est professeur dans un lycée, elle arrive à mettre de côté une valeur de 400 € par mois. Elle a payé la *Zakat* de 52,5 € pour l'année dernière sur une somme totale de 2100 € et elle doit payer 125 € pour la *Zakat* de cette année sur une somme totale de 5000 €. Remarquez que Soumaya a fait des

achats d'une valeur de 1500 € pendant le mois de *S̲afar* et ceci n'a pas influencé sa date anniversaire même si son capital a baissé en dessous du *Nis̲âb* pendant 3 mois.

- Omar est un ouvrier qui a commencé à consommer ses économies par nécessité. Il consomme une valeur de 200 € par mois et a payé 62,5 € de *Zakat* pour l'année dernière sur une somme totale de 2500 €. Il ne doit pas payer la *Zakat* cette année car il ne possède que 100 € qui sont inférieurs au *Nis̲âb*.

- Jahil est un cadre qui arrive à mettre de côté une valeur de 200 € par mois ; il a payé 90 € de *Zakat* pour l'année dernière sur une somme totale de 3600 €, et il ne doit pas payer la *Zakat* cette année car il ne possède que 200 €, somme qui est inférieure au *Nis̲âb*. Attention, il est probable que Jahil essaie de ruser avec Allah et ait fait des dépenses, quelques jours avant la date anniversaire, uniquement pour échapper au paiement de la *Zakat*.

RESPECTER LES RÈGLES DE BIENSÉANCE EN DONNANT LA *ZAKAT*

- Comme pour toutes les œuvres pieuses, en s'acquittant de sa *Zakat*, l'intention du musulman doit être vouée exclusivement à Allah (ﷻ). Celui qui donne de ses biens uniquement pour qu'on dise de lui qu'il est généreux n'aura pas de récompense auprès d'Allah. « **Ceux qui dépensent leurs biens pour la Cause d'Allah, sans chercher à en tirer vanité ni à porter préjudice à autrui, ceux-là trouveront leur rétribution auprès de leur Seigneur et n'auront à éprouver ni crainte ni peine.** » [43]

﴿الَّذِينَ يُنفِقُونَ أَمْوَالَهُمْ فِي سَبِيلِ اللَّهِ ثُمَّ لَا يُتْبِعُونَ مَا أَنفَقُوا مَنًّا وَلَا أَذًى لَّهُمْ أَجْرُهُمْ عِندَ رَبِّهِمْ وَلَا خَوْفٌ عَلَيْهِمْ وَلَا هُمْ يَحْزَنُونَ﴾ (البقرة/ ٢٦٢).

- Selon Abû Hurayra (رضي الله عنه), le Prophète (ﷺ) a dit : « Il y a sept sortes de personnes qu'Allah protégera de Son ombre le

43 02. Sourate La Vache (Al-Baqara), verset 262.

Jour où il n'y aura plus d'autre ombre que la Sienne : le prince juste ; le jeune homme qui a grandi dans l'adoration d'Allah ; l'homme dont le cœur est attaché aux mosquées ; deux hommes qui s'aiment en Allah, s'unissent à cause de Lui et se séparent pour Lui ; celui qui, sollicité par une femme de haut rang et belle, lui répond : « Je crains Allah » ; celui qui fait l'aumône de façon si discrète que sa main gauche ne sait pas ce que donne sa main droite ; enfin celui qui, dans la solitude, rappelle Allah au point qu'il fond en larmes. » [44]

عَنْ أَبِي هُرَيْرَةَ رَضِيَ اللهُ عَنْهُ، عَنِ النَّبِيِّ (صَلَّى اللهُ عَلَيْهِ وَسَلَّمَ) قَالَ : «سَبْعَةٌ يُظِلُّهُمُ اللهُ فِي ظِلِّهِ يَوْمَ لَا ظِلَّ إِلَّا ظِلُّهُ، الْإِمَامُ الْعَادِلُ، وَشَابٌّ نَشَأَ فِي عِبَادَةِ رَبِّهِ، وَرَجُلٌ قَلْبُهُ مُعَلَّقٌ فِي الْمَسَاجِدِ، وَرَجُلَانِ تَحَابَّا فِي اللهِ اجْتَمَعَا عَلَيْهِ وَتَفَرَّقَا عَلَيْهِ، وَرَجُلٌ طَلَبَتْهُ

44 *Hadîth* rapporté par Al-Bukhârî et Muslim

امْرَأَةٌ ذَاتُ مَنْصِبٍ وَجَمَالٍ، فَقَالَ: إِنِّي أَخَافُ اللهَ، وَرَجُلٌ تَصَدَّقَ أَخْفَى حَتَّى لَا تَعْلَمَ شِمَالُهُ مَا تُنْفِقُ يَمِينُهُ، وَرَجُلٌ ذَكَرَ اللهَ خَالِيًا فَفَاضَتْ عَيْنَاهُ » متفق عليه

- Donner la *Sadaqa* et la *Zakat* discrètement est un signe de sincérité et de dévouement. Cependant il n'est pas interdit de le faire publiquement si l'intention est de montrer l'exemple et de s'inciter mutuellement à faire le bien. Allah décrit les croyants qui méritent le paradis en ces termes, dans le verset suivant : **« Ceux qui se montrent patients pour être agréables à leur Seigneur, qui accomplissent la *salât*, qui font des prélèvements sur les biens que Nous leur avons donnés, pour faire des aumônes en secret et en public et qui repoussent le mal par le bien. »** [45]

﴿وَالَّذِينَ صَبَرُوا ابْتِغَاءَ وَجْهِ رَبِّهِمْ وَأَقَامُوا الصَّلَاةَ وَأَنفَقُوا مِمَّا رَزَقْنَاهُمْ سِرًّا

45 13. Sourate Le Tonnerre (Ar-Ra'd), verset 22.

وَعَلانِيَةً وَيَدْرَءُونَ بِالْحَسَنَةِ السَّيِّئَةَ أُوْلَئِكَ لَهُمْ عُقْبَى الدَّارِ﴾ (الرعد/ ٢٢).

- Il ne faut pas utiliser la *Zakat* comme moyen de pression pour profiter ou exploiter une personne. La *Zakat* n'est pas un don, mais le droit des pauvres qu'Allah leur a prescrit du haut des sept cieux. Le Coran nous dit : « **Ô les croyants ! N'annulez pas vos aumônes par un rappel ou un tort, comme celui qui dépense son bien par ostentation devant les gens sans croire en Allah et au Jour dernier. Il ressemble à un rocher recouvert de terre ; qu'une averse l'atteigne, elle le laisse dénué. De pareils hommes ne tireront aucun profit de leurs actes. Et Allah ne guide pas les gens mécréants.** »[46]

﴿يَا أَيُّهَا الَّذِينَ آمَنُوا لاَ تُبْطِلُوا صَدَقَاتِكُمْ بِالْمَنِّ وَالأَذَى كَالَّذِي يُنفِقُ مَالَهُ رِئَاءَ النَّاسِ وَلاَ يُؤْمِنُ بِاللهِ وَالْيَوْمِ الآخِرِ فَمَثَلُهُ كَمَثَلِ

46 2. Sourate La Vache (Al-baqara), verset 264.

صَفْوَانٍ عَلَيْهِ تُرَابٌ فَأَصَابَهُ وَابِلٌ فَتَرَكَهُ صَلْدًا لَا يَقْدِرُونَ عَلَى شَيْءٍ مِمَّا كَسَبُوا وَاللَّهُ لَا يَهْدِي الْقَوْمَ الْكَافِرِينَ﴾ (البقرة/ ٢٦٤).

- La *Zakat* étant un devoir, il ne faut donc pas s'attendre à ce que le bénéficiaire nous rende un service ou nous loue. Si la *Zakat* est donnée dans le seul but de réaliser un intérêt ou d'atteindre un objectif matériel quelconque, elle ne sera pas acceptée. Cependant il est recommandé pour celui qui reçoit une *Zakat* de faire des invocations pour le donateur et de lui dire « *Qu'Allah te récompense pour ce que tu as donné et bénisse ce que tu as gardé* ».

- Le riche doit se déplacer lui-même et aller chercher le pauvre pour lui donner son droit et ne pas lui demander de venir chercher la *Zakat*.

- 'Âisha (رضي الله عنها) avait l'habitude de préparer les *Sadaqa* et de les parfumer car elle savait que la *Sadaqa* est accueillie par Allah avant d'arriver dans la main du pauvre.

- Si la *Zakat* est faite en nature, il faut

choisir un bien convenable ou d'une valeur moyenne car Allah mérite que nous donnions pour Lui le meilleur de nos biens et non pas seulement les biens et les effets dont nous voulons nous débarrasser.

- **« Ô les croyants ! Dépensez des meilleures choses que vous avez gagnées et des récoltes que Nous avons fait sortir de la terre pour vous. Et ne vous tournez pas vers ce qui est vil pour en faire dépense. Ne donnez pas ce que vous-mêmes n'accepteriez qu'en fermant les yeux ! Et sachez qu'Allah n'a besoin de rien et qu'Il est digne de louange. Satan vous menace du spectre de la misère et vous recommande de commettre des turpitudes, pendant qu'Allah vous fait espérer Son pardon et Sa grâce, car Allah est Incommensurable et Omniscient. »** [47]

﴿يَا أَيُّهَا الَّذِينَ آمَنُوا أَنفِقُوا مِن طَيِّبَاتِ
مَا كَسَبْتُمْ وَمِمَّا أَخْرَجْنَا لَكُم مِّنَ الأَرْضِ

47 2. Sourate La Vache (Al-baqara), versets 267-268.

وَلَا تَيَمَّمُوا الْخَبِيثَ مِنْهُ تُنفِقُونَ وَلَسْتُم
بِآخِذِيهِ إِلَّا أَنْ تُغْمِضُوا فِيهِ وَاعْلَمُوا أَنَّ اللهَ
غَنِيٌّ حَمِيدٌ. الشَّيْطَانُ يَعِدُكُمُ الْفَقْرَ وَيَأْمُرُكُمْ
بِالْفَحْشَاءِ وَاللهُ يَعِدُكُمْ مَغْفِرَةً مِنْهُ وَفَضْلًا
وَاللهُ وَاسِعٌ عَلِيمٌ﴾ (البقرة/ ٢٦٧ -٢٦٨).

- **« Vous n'atteindrez la vraie piété qu'en faisant aumône d'une part des biens que <u>vous aimez</u>. Et quelque aumône que vous fassiez, Allah en est parfaitement Informé »** [48]

﴿لَنْ تَنَالُوا الْبِرَّ حَتَّى تُنْفِقُوا <u>مِمَّا تُحِبُّونَ</u>
وَمَا تُنْفِقُوا مِنْ شَيْءٍ فَإِنَّ اللهَ بِهِ عَلِيمٌ﴾ (آل
عمران/ ٩٢).

48 03. Sourate La Famille d'Imran (Âl-'Imrân), verset 92.

Les ayants droit à la *Zakat*

La *Zakat* ne peut être donnée ou dépensée que dans des voies que la *Sharî'a* a prescrites. Le Coran a précisé la liste des catégories de personnes ou d'œuvres qui méritent de recevoir l'argent de la *Zakat* : « **Les *S̲adaqât*** [49] **ne sont destinés que pour les pauvres, les indigents, ceux qui y travaillent, ceux dont les cœurs sont à gagner (à l'Islam), l'affranchissement des esclaves, ceux qui sont lourdement endettés, dans le sentier d'Allah, et pour le voyageur (en détresse). C'est un décret d'Allah ! Et Allah est Omniscient et Sage** » [50]

﴿إِنَّمَا الصَّدَقَاتُ لِلْفُقَرَاءِ وَالْمَسَاكِينِ وَالْعَامِلِينَ
عَلَيْهَا وَالْمُؤَلَّفَةِ قُلُوبُهُمْ وَفِي الرِّقَابِ وَالْغَارِمِينَ وَفِي
سَبِيلِ اللَّهِ وَابْنِ السَّبِيلِ فَرِيضَةً مِنَ اللَّهِ وَاللَّهُ عَلِيمٌ
حَكِيمٌ﴾ (التوبة/ ٦٠).

Ce verset précise les huit catégories des ayants droit que nous détaillerons dans ce chapitre.

49 Dans ce verset le terme *S̲adaqât* est utilisé pour désigner la *Zakat*.

50 09. Sourate Le Repentir (At-Tawba), verset 60.

LES PAUVRES ET LES INDIGENTS

La *Zakat* doit être donnée principalement à cette catégorie de personnes démunies et nécessiteuses.

Le Prophète (ﷺ) précise dans plusieurs *hadîth* que la *Zaka*t doit être prélevée sur les riches et donnée aux pauvres. Il dit a Mu'âdh Ibn Jabal quand il l'envoya au Yémen : « Tu vas trouver des habitants qui sont des gens du Livre. Quand tu seras auprès d'eux, invite-les à attester qu'il n'y a de dieu qu'Allah et que Muhammad est l'Envoyé d'Allah ; s'ils obéissent (à cette prescription), annonce-leur qu'Allah leur impose cinq prières par jour ; s'ils obéissent (à cette prescription), annonce-leur qu'Allah leur impose une aumône qui sera prélevée sur les riches pour être remise aux pauvres. S'ils obéissent à cela, garde-toi de prélever leurs objets précieux et crains les plaintes de l'opprimé, car aucun voile n'est interposé entre lui et Allah. » [51]

عَنِ ابْنِ عَبَّاسٍ رَضِيَ اللهُ عَنْهُمَا، قَالَ: « قَالَ رَسُولُ اللهِ (صَلَّى اللهُ عَلَيْهِ وَسَلَّمَ) لِمُعَاذِ بْنِ جَبَلٍ

51 *Hadîth* rapporté par Al-Jamâ'a (Bukhârî, Muslim, etc.)

حِـينَ بَعَثَهُ إِلَى الْيَمَنِ: إِنَّكَ سَـتَأْتِي قَوْمًا أَهْلَ كِتَابٍ، فَإِذَا جِئْتَهُمْ فَادْعُهُمْ إِلَى أَنْ يَشْـهَدُوا أَنْ لَا إِلَهَ إِلَّا اللهُ وَأَنَّ مُحَمَّدًا رَسُـولُ اللهِ، فَإِنْ هُـمْ أَطَاعُوا لَكَ بِذَلِكَ فَأَخْبِرْهُمْ أَنَّ اللهَ قَدْ فَرَضَ عَلَيْهِمْ خَمْسَ صَلَوَاتٍ فِي كُلِّ يَوْمٍ وَلَيْلَةٍ، فَإِنْ هُمْ أَطَاعُوا لَكَ بِذَلِكَ فَأَخْبِرْهُمْ أَنَّ اللهَ قَدْ فَرَضَ عَلَيْهِـمْ صَدَقَةً تُؤْخَذُ مِنْ أَغْنِيَائِهِمْ فَتُرَدُّ عَلَى فُقَرَائِهِمْ، فَإِنْ هُمْ أَطَاعُوا لَكَ بِذَلِكَ فَإِيَّاكَ وَكَرَائِـمَ أَمْوَالِهِمْ وَاتَّقِ دَعْوَةَ الْمَظْلُـومِ فَإِنَّهُ لَيْسَ بَيْنَهُ وَبَيْنَ اللهِ حِجَابٌ » رواه الجماعة

L'objectif principal de la *Zakat* est que les riches partagent leurs richesses avec les pauvres.

Le verset parle de deux catégories de nécessiteux : les *Faqîr* (les pauvres) et les *Miskîn* (les indigents). Quelle différence y a-t-il entre ces deux catégories sachant qu'il s'agit dans les deux cas de personnes démunies ?

Le *Faqîr* est celui qui est visiblement pauvre et qui demande ouvertement la *Zakat*. Le *Miskîn* est celui qui est pauvre, mais cela ne se voit pas sur lui et qui, par dignité, ne demande pas la *Zakat*.[52]

Il ne faut pas donner uniquement à ceux qui demandent et réclament la *Zakat* et oublier ceux qui, par fierté et pour préserver leur dignité, ne demandent rien malgré leur indigence. Le Prophète (ﷺ) dit : « Le miséreux n'est pas celui qui va mendier parmi les hommes et se contente d'une ou deux bouchées de nourriture ou d'une ou deux dattes. Le vrai miséreux est celui qui ne trouve pas de quoi lui suffire, à qui personne ne fait attention et ne donne l'aumône et qui ne va pas, lui, demander l'aumône aux gens. »[53]

عَنْ أَبِي هُرَيْرَةَ رَضِيَ اللهُ عَنْهُ، أَنَّ رَسُولَ اللهِ (صَلَّى اللهُ عَلَيْهِ وَسَلَّمَ) قَالَ: « لَيْسَ الْمِسْكِينُ بِهَذَا الطَّوَّافِ الَّذِي يَطُوفُ عَلَى النَّاسِ، فَتَرُدُّهُ اللُّقْمَةُ وَاللُّقْمَتَانِ، وَالتَّمْرَةُ وَالتَّمْرَتَانِ، قَالُوا: فَمَا الْمِسْكِينُ يَا رَسُولَ اللهِ؟، قَالَ : الَّذِي لَا يَجِدُ غِنًى يُغْنِيهِ، وَلَا يُفْطَنُ لَهُ فَيُتَصَدَّقَ عَلَيْهِ، وَلَا يَسْأَلُ النَّاسَ شَيْئًا »

52 D'autres avis existent pour différencier le *Faqîr* du *Miskîn*.

53 *Hadîth* rapporté par Al-Bukhârî et Muslim.

رواه البخاري و مسلم

De nos jours, posséder une voiture, un frigo, un lave linge ne signifie pas pour être riche car ces choses font partie des nécessités de la vie quotidienne.

Définir qui est pauvre et qui est riche varie d'un pays à l'autre et d'une époque à l'autre. D'après la majorité des savants, le pauvre et l'indigent sont ceux qui n'ont pas les ressources nécessaires pour vivre et subvenir aux besoins des personnes qui sont à leur charge. Comme celui qui a besoin de 1500 € par mois pour faire vivre dignement sa famille, mais qui ne gagne que 1000 €.

Il faut noter ici qu'un homme bien portant capable de travailler pour faire vivre sa famille mais qui choisit de ne pas le faire, n'a pas droit à la *Zakat*.

CEUX QUI Y TRAVAILLENT (*AL-'ÂMILÛN 'ALAYHÂ*)

Celui qui travaille pour les organismes qui s'occupent de collecter et de distribuer la *Zakat* a le droit de percevoir son salaire de cette dernière, même s'il n'entre pas forcément dans la catégorie des gens pauvres.

A l'époque du Prophète (ﷺ) et des premiers

Califes, des fonctionnaires étaient chargés d'aller collecter la *Zakat* et de la distribuer sur place et de ne ramener au Calife que ce qui restait après la distribution.

A notre époque, dans certains de nos pays musulmans, ces personnes sont nommées par les autorités pour prélever et collecter les biens et les fonds chez les musulmans en vertu du caractère obligatoire de la *Zakat* et pour la distribuer aux ayants droit.

Dans les pays non musulmans, il existe des associations humanitaires musulmanes qui s'occupent de cette tâche. Le personnel de ces associations peut être intégré à cette catégorie. Ces associations ne s'occupent pas uniquement de la *Zakat* mais aussi des *Ṣadaqât*, du *Wakf* et de l'aide humanitaire d'urgence. [54]

Lors de sa troisième session, le conseil européen des recherches et de la *Fatwâ* a donné son

---

54 Ces associations doivent être vigilantes et n'utiliser que le strict minimum de frais pour leur fonctionnement et pour la distribution de la *Zakat*. Elles doivent maîtriser leurs dépenses et veiller notamment à ce que les salaires et les frais de réalisation des projets soient maîtrisés et ne dépassent pas la moyenne pratiquée. Elles doivent aussi indiquer en toute transparence aux donateurs le pourcentage des frais de fonctionnement par rapport à la somme totale des *dons* reçus.

avis concernant la collecte et la distribution de la *Zakat* par des associations humanitaires en Europe. Cette *Fatwâ* est publiée dans le volume de fatwâ du conseil.

La *Fatwâ* autorise de donner la *Zakat* aux associations musulmanes humanitaires dignes de confiance qui, à leur tour, s'occupent de la distribuer aux ayants droit. Elle autorise aussi ces associations à utiliser, pour couvrir leurs frais de fonctionnement, une partie de la *Zakat* ne dépassant pas le huitième.

Il est plus qu'urgent qu'une ou plusieurs associations musulmanes spécialisées dans le domaine de la *Zakat* voient le jour. Elles doivent œuvrer pour l'organisation de l'argent de *Zakat al-Mâl* et de *Zakat al-Fitr* car cet argent, s'il est bien géré, peut s'avérer très utile pour l'avenir de l'islam et des musulmans en Europe.

CEUX DONT LES CŒURS SONT À GAGNER (À L'ISLAM)

Cette catégorie concerne les non musulmans ou les musulmans dont on veut garantir la fidélité ou se prémunir contre leur nuisance. Ces gens-là ne sont pas forcément pauvres, ils peuvent même être riches. La *Zakat* leur est donnée comme gage ou gratification et non comme aide.

Plusieurs *hadîth* rapportent que le Messager (ﷺ) a donné des biens de la *Sadaqât* à des personnalités non musulmanes pour préserver sa communauté de leurs méfaits et pour les attirer à l'Islam.

La majorité des savants dit que cette catégorie existe toujours ; ainsi la *Zakat* peut être utilisée pour :

- Inviter les non musulmans à découvrir l'islam ;
- Repousser le mal des ennemis de l'islam ;
- Refléter la vraie et belle image de l'islam à travers diverses activités ;
- Distribuer les publications qui présentent et défendent l'islam.

L'affranchissement des esclaves

Pour réduire l'esclavage, l'islam a ordonné que l'une des utilisations de la *Zakat* soit l'affranchissement des esclaves.

A l'époque où l'esclavage existait, la *Zakat* pouvait être donnée aux esclaves qui voulaient racheter leur liberté et établir des contrats d'affranchissement. Ainsi l'islam a participé grandement à l'abolition de l'esclavage dans le monde.

Actuellement et dans cet esprit, il est permis d'utiliser la *Zakat* pour la libération des prisonniers de guerre.

CEUX QUI SONT LOURDEMENT ENDETTÉS

Il y a deux types de personnes endettées qui méritent de bénéficier de la *Zakat* :

- Ceux qui s'endettent pour couvrir les nécessités de la vie comme nourrir sa famille, se loger, se soigner, se marier, étudier, etc.
- Ceux qui s'endettent pour accomplir une œuvre charitable comme aider des orphelins, réconcilier deux personnes en désaccord, construire une école ou un hôpital ou creuser un puits, etc.

Ceux qui, sans être dans le besoin, s'endettent pour vivre dans le confort ne font pas partie de cette catégorie et ne méritent pas de recevoir la *Zakat*.

Les savants se sont posés la question suivante : Est-il préférable de donner de l'argent à l'endetté lui-même ou de rembourser ses dettes directement à ses créanciers ?

Pour une personne digne de confiance et soucieuse de rembourser ses dettes, il est préférable de lui donner de l'argent et de la laisser régler ses dettes elle-même.

Par contre s'il s'agit d'une personne négligente qui risque de gaspiller l'argent au lieu de s'acquitter de ses dettes, il est préférable de rembourser directement le créancier.

DANS LE SENTIER D'ALLAH (*FÎ SABÎL ALLÂH*)

Certains savants limitent l'expression (*Fî sabîl Allâh*) au combat dans le chemin d'Allah, d'autres l'élargissent à toutes les œuvres charitables comme :

- Nourrir les pèlerins ;
- Prendre en charge les savants musulmans qui enseignent et répondent aux questions des fidèles bénévolement ;
- Donner des bourses aux étudiants musulmans sans revenues qui apprennent les sciences utiles ;
- Aider les célibataires qui veulent se marier ;

- Construire et/ou restaurer des écoles si aucun autre fond n'est consacré à cet effet.
- La majorité des savants n'autorisent pas l'utilisation de la *Zakat* pour la construction, la restauration ou l'entretien des mosquées. Ils estiment que les mosquées doivent être édifiées avec l'effort financier de tous les musulmans qui feront à cet effet des dons et donneront des *Sadaqât*. En Europe, si l'on venait à donner la *Zakat* pour la construction et l'entretien des mosquées, les autres catégories des ayants droit seraient fortement pénalisées.
- Par contre, la *Zakat* peut être donnée aux responsables d'une mosquée ou d'une association musulmane sérieuse qui s'occuperont de la distribuer aux ayants droit.

LE VOYAGEUR (EN DÉTRESSE)

Ou l'enfant du chemin (*ibn as-sabîl*) selon l'expression coranique.

Il s'agit du voyageur qui n'a plus les moyens pour poursuivre son voyage, même s'il n'est pas nécessairement pauvre. A condition que son voyage ne soit pas pour une raison illicite.

Avec la généralisation des cartes de paiement et la possibilité de retirer de l'argent dans n'importe quel pays, cette catégorie existe de moins en moins.

Sans être forcément dans le besoin, certains font de la mendicité un vrai métier, n'hésitant pas, pour se justifier, à utiliser les mensonges et les histoires inventées.

Nous voyons souvent ces personnes, prétendument voyageurs en détresse, sillonnant les mosquées et demandant les *Sadaqât*. Il faut bien vérifier la véracité de leur propos en demandant des justificatifs écrits. Il est aussi préférable de ne pas donner de l'argent liquide mais de faire des dons en nature comme l'achat d'un billet de train et de la nourriture.

Considérations à prendre en compte quand on donne la *Zakat*

Partager la *Zakat* en plusieurs parts

En fonction de la valeur de la *Zakat*, elle peut être donnée à une ou plusieurs parmi les huit catégories citées précédemment.

Le mieux consiste cependant à donner à la personne une somme considérable qui lui permette de ne plus avoir besoin de la *Zakat* l'année suivante.

L'un des objectifs de la *Zakat* est de permettre au pauvre de s'enrichir et de sortir définitivement de la pauvreté. Répartir une somme modique relevant de la *Zakat* sur plusieurs personnes ne respecte pas les objectifs de la *Zakat* et peut s'avérer inefficace.

Il est donc préférable de donner la *Zakat* à une seule catégorie ou même à une seule personne pour l'extraire de la pauvreté ou du moins lui garantir une vie décente pendant un laps de temps important.

En ce sens, on peut regrouper les *Zakat* de plusieurs redevables pour la donner à une seule personne lui permettant ainsi d'avoir son indépendance financière.

Si la *Zakat* représente une très grande somme alors elle peut être partagée sur plusieurs catégories et plusieurs personnes.

Il ne faut pas considérer comme *Zakat* les quelques pièces que l'on donne à un mendiant à la sortie de la mosquée. Ces dons sont des *Ṣadaqât*.

Donner la *Zakat* à ceux qui la méritent

Avant de payer la *Zakat*, il incombe au musulman de s'assurer qu'elle va bien arriver à l'une des huit catégories citées dans le Coran.

Il ne faut pas que la *Zakat* arrive dans la main de quelqu'un ne la méritant pas car donner la *Zakat* à celui qui ne la mérite pas signifie : en priver celui qui la mérite.

Pour bien choisir la bonne catégorie et la bonne personne, une recherche préalable doit être effectuée et une concertation avec les savants et les imams de sa région est fortement recommandée. Les musulmans doivent avoir une stratégie pour bien distribuer la *Zakat* et répondre aux besoins les plus importants et les plus urgents de la communauté.

Quand un musulman fait de son mieux pour trouver la personne qui mérite la *Zakat*, son devoir envers Allah est honoré.

La personne qui perçoit la *Zakat* et la garde tout en sachant qu'elle ne la mérite pas détient un bien illicite et sera jugée par Allah pour avoir empêché le pauvre de bénéficier de son droit.

Une personne dont les conditions permettent de travailler et de faire vivre sa famille de son salaire ne mérite pas la *Zakat*. Le Prophète (ﷺ) dit « *La Zakat n'est pas licite à un riche ou à celui qui est sain et fort* »[55].

---

55 *Hadîth* rapporté par Ahmad, Abû Dâwûd et At-Tirmidhî.

Les étudiants et les savants qui consacrent leurs temps et leurs efforts à l'apprentissage et à l'enseignement peuvent recevoir la *Zakat* même s'ils sont capables d'exercer une activité rémunérée.

DONNER LA *ZAKAT* À CELUI QUI VEUT SE MARIER

Il est permis de donner la *Zakat* à celui qui veut se marier mais qui n'en trouve pas les moyens.

Le mariage fait partie des nécessités de la vie et chaque musulman doit aider son frère à le réaliser.

Cependant, il faut que les frais du mariage soient raisonnables en évitant tout gaspillage inutile.

TRANSFÉRER LA *ZAKAT* À UNE AUTRE RÉGION OU UN AUTRE PAYS

Normalement, la *Zakat* doit être donnée aux pauvres de la région où se trouvent les biens. La région est délimitée par un rayon de 84 Km du lieu d'habitation.

Cependant, le transfert est autorisé pour une raison valable et un intérêt avéré comme :

- Des pays musulmans touchés par la famine, les catastrophes naturelles, la guerre, etc.

- Des proches pauvres résidant dans un autre pays.
- Une minorité musulmane pauvre qui a besoin de construire des écoles ou des hôpitaux, etc.

Même si le transfert de la *Zakat* sans raison valable n'est pas recommandé, la *Zakat* transférée reste valide.

Transférer l'argent de la *Zakat* systématiquement dans d'autres pays musulmans prive la France et l'Europe de certains projets très importants comme la formation des cadres religieux et la réalisation des écoles privés musulmanes.

Il n'est inutile de répéter que l'organisation de la *Zakat* reste un dossier important que les musulmans de France et d'Europe négligent. Il faut que les jeunes cadres musulmans s'en occupent sérieusement en élaborant une vision stratégique pour l'avenir de l'islam dans ce pays.

DONNER LA *ZAKAT* AUX PERSONNES DONT ON A LA CHARGE

On ne peut donner la *Zakat* aux personnes qui sont directement à sa charge comme les ascendants (parents, grands parents), les descendants (enfants, petits-enfants) et l'épouse.

Il est permis de donner la *Zakat* à ses frères et sœurs pauvres sauf si ceux-ci sont à sa charge comme les petits frères et sœurs orphelins ou les sœurs divorcées.

Leur droit ne réside pas dans les 2,5% de la *Zakat*, mais dans les 97,5% qui restent.

Comme le montre le graphique suivant, le pourcentage de la Zakat sur le surplus est négligeable comparé à ce que la personne garde pour elle-même et les personnes étant à sa charge.

La part de la Zakat 2,5 %

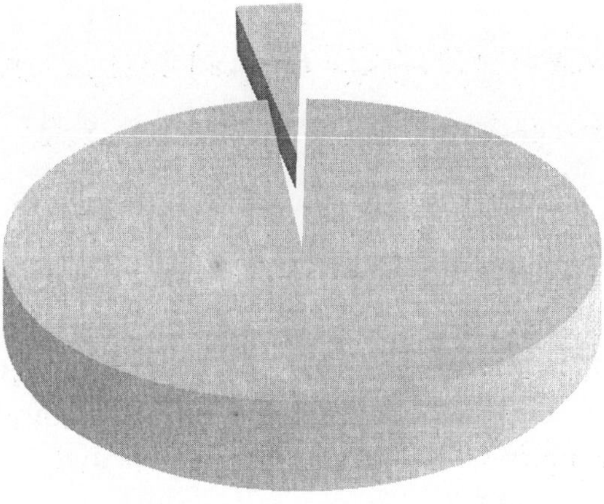

DONNER LA *ZAKAT* À UN PROCHE

Il est permis de donner la *Zakat* à un proche : un cousin, une sœur, un frère, un oncle ou tout autre proche à condition qu'il fasse partie des ayants doit à la *Zakat* et qu'il ne soit pas à la charge du donateur.

Cette *Zakat* peut être considérée à la fois comme une *Zakat* et comme consolidation des liens de parenté.

Le Prophète (ﷺ) dit : « L'aumône donnée à un pauvre compte pour une ; celle donnée à un proche compte pour deux : pour une aumône et pour le maintien des liens de parenté. » [56]

قال رسول الله (صَلَّى اللهُ عَلَيْهِ وَسَلَّمَ) : «الصَّدَقَةُ عَلَى الْمِسْكِينِ صَدَقَةٌ وَهِيَ عَلَى ذِي الرَّحِمِ ثِنْتَانِ صَدَقَةٌ وَصِلَةٌ» رواه الترمذي

DONNER LA *ZAKAT* À UN MUSULMAN QUI N'OBSERVE PAS LES RÈGLES DE L'ISLAM

Il est permis de donner la *Zakat* à un musulman qui n'observe pas son culte et qui commet des péchés, à condition de s'assurer qu'il n'uti-

56 *Hadîth* rapporté par At-Tirmidhî.

lise pas cette *Zakat* dans des achats ou des activités illicites.

Certains savants interdisent de donner la *Zakat* à celui qui n'accomplit pas les cinq prières quotidiennes, sauf dans le cas où la *Zakat* peut l'inciter à les observer.

Cependant, donner la *Zakat* à un musulman pieux est certainement préférable.

Donner la *Zakat* à un non musulman

D'après la majorité des savants, la *Zakat* est une obligation cultuelle, elle ne peut, à ce titre, être donnée aux non musulmans que dans le cas des « *Mu'allafati qulûbuhum* » « ceux dont les cœurs sont à gagner ».

La *Sadaqa* volontaire, par contre, peut être donnée au non musulman.

Changement de propriétaire

La *Zakat* est un droit et non un don. Les biens donnés en tant que *Zakat* pour l'une des quatre premières catégories changent de propriétaire et deviennent la propriété du bénéficiaire.

Cela implique que celui qui s'extraie de la pauvreté au cours du *Hawl* ne doit pas rembourser la *Zakat* reçue sauf s'il désire faire une aumône.

Celui dont la *Zakat* est évaluée à 250 € doit réellement s'acquitter de cette somme, il ne peut pas par exemple :

- Inviter des ayants droit, et leur faire un repas d'une valeur de 250 € ;
- Permettre à un ayant droit d'utiliser un local dont la location mensuelle est estimée à 250 € gratuitement pendant un mois ;
- ...

LA *ZAKAT* SUR LES CRÉANCES (L'ARGENT PRÊTÉ AUX AUTRES)

Il faut faire la différence entre les créances dont le remboursement est fort probable et les créances dont le remboursement est improbable.

D'après la majorité des savants, les créances dont le remboursement est fort probable doivent être intégrées lors du calcul de l'argent soumis à la *Zakat*. [57]

La *Zakat* ne doit pas être payée deux fois sur le même bien. Si l'emprunteur se charge lui-même de payer la *Zakat* sur cet argent dont il a la gestion et tire le profit, le prêteur n'a pas l'obligation de repayer la *Zakat*.

Les créances dont le remboursement est improbable ne doivent pas être intégrées dans le calcul de l'argent soumis à la *Zakat*. Si cet argent est remboursé même après plusieurs années, il faut l'intégrer à l'argent existant et payer sa

57 L'imam Mâlik exige l'acquittement de la *zakat* pour une année seulement, une fois la créance récupérée, que le remboursement soit garanti ou pas.

Zakat à la date anniversaire suivante pour une seule année[58].

Exemple : un musulman a prêté 3000 € à un ami digne de confiance et 2000 € à une personne qui ne veut pas rembourser sa dette. A la date anniversaire, il possède 10000 €. Il doit alors payer la *Zakat* sur 13000 € uniquement. Si après 5 ans le prêt de 2000 € est remboursé, il doit l'intégrer à ce qu'il possède déjà comme argent et attendre la date anniversaire suivante pour payer la *Zakat* sur la totalité.

Sans être réellement récupéré et encaissé, l'argent prêté ne peut être considéré comme participant de la *Zakat*.

Exemple : un musulman a prêté une somme de 1000 € à un autre. Au moment de s'acquitter de sa *Zakat* qui s'élève à 2000 €, il ne peut considérer comme *Zakat* les 1000 € prêtés et ne s'acquitter que de 1000 €. Il doit s'acquitter de 2000 €.

Il n'est pas permis non plus de donner la *Zakat* tout en la conditionnant par le remboursement d'une dette.

---

58 Avis de l'imam Abû Hanîfa. Voir *Fiqh Az-Zakât* ; volume 1, page 138.

Exemple : un musulman a prêté une somme de 1000 € à un autre. Le prêteur propose à l'emprunteur, qui n'est plus en mesure de rembourser dans le délai convenu, de lui donner 1000 € de sa *Zakat* à condition d'utiliser cette somme pour lui rembourser sa dette. Cette condition n'est pas admise.[59]

LA *ZAKAT* SUR LES EMPRUNTS

Un musulman endetté, doit avoir comme priorité le remboursement de ses dettes. Il ne doit mettre l'argent de côté que dans l'objectif de rembourser ses dettes.

En toute logique, une personne qui a des dettes qui représentent des sommes plus importantes que ses ressources ne doit pas payer de *Zakat*. Cette personne est considérée comme pauvre et peut même bénéficier de la *Zakat*.

On rapporte que le troisième Calife, 'Uthmân Ibn 'Affân, dit : « *Ce mois est celui durant lequel*

59 La question de la *Zakat* sur l'argent prêté (ce que les autres me doivent) et l'argent emprunté (ce que je dois aux autres) reste complexe, plusieurs savants ont écrit des ouvrages entiers pour la traiter, car il y a une multitude de situations. Dans le présent ouvrage je ne donne que le cadre générale et les *Fatwâs* génériques. Il est nécessaire de recourir à un spécialiste pour traiter les situations au cas par cas.

vous devez verser la zakat. Que celui qui a une dette s'en acquitte d'abord, puis qu'il prélève la zakat sur ce qui lui reste. »

حَدَّثَنِي يَحْيَى عَنْ مَالِك عَنْ ابْنِ شِهَابٍ عَنْ السَّائِبِ بْنِ يَزِيدَ أَنَّ عُثْمَانَ بْنَ عَفَّانَ رَضِيَ اللهُ عَنْهُ كَانَ يَقُولُ هَذَا شَهْرُ زَكَاتِكُمْ فَمَنْ كَانَ عَلَيْهِ دَيْنٌ فَلْيُؤَدِّ دَيْنَهُ حَتَّى تَحْصُلَ أَمْوَالُكُمْ فَتُؤَدُّونَ مِنْهُ الزَّكَاةَ

رواه مالك بسند صحيح

Mais si en plus des remboursements échelonnés de ses dettes, une personne a pu épargner une somme d'argent qui atteint le *Nisâb* à la date anniversaire, alors elle doit, si elle ne veut pas anticiper le remboursement de ses dettes, s'acquitter de la *Zakat* sur cette somme. (Voir *Fatwâ* 5 dans les annexes)

Prenons par exemple le cas d'une dette de longue durée échelonnée et payable mensuellement. Si la somme restante atteint le *Nisâb*, la priorité pour la personne concernée est d'avancer cette somme pour rembourser sa dette. Si elle ne le fait pas alors la *Zakat* doit être prélevée sur cette somme.

LA *ZAKAT* SUR LES MARCHANDISES

Le commerçant doit faire un inventaire de la marchandise destinée à la vente pour en estimer la valeur en prenant en considération le prix de vente « en gros » du moment (et non pas le prix d'achat).

Il doit ensuite ajouter cette valeur à l'argent possédé par ailleurs et donner la *Zakat* sur la totalité à l'échéance de la date anniversaire.

La marchandise invendable ou gardée pendant des années sans être exposée à la vente n'est pas soumise à la *Zakat*. Pour cette marchandise, la *Zakat* doit être acquittée une fois que la marchandise sera, de nouveau, destinée à la vente ou bien vendue.

LA *ZAKAT* SUR LES ACTIONS EN BOURSE

Les actions en bourse sont assimilées à de la marchandise et leur propriétaire doit les évaluer selon leur cotation à la date anniversaire de sa *Zakat* et ajouter leur valeur à l'argent qu'il possède déjà. Il doit payer la *Zakat* sur la totalité de ses biens.

Si les actions ont été achetées dans le but de

vivre de leurs dividendes[60] et non pas dans le but de faire du commerce à l'exemple de celui qui loue des locaux et vit avec les loyers perçus. Dans ce cas-là, ces actions sont considérées comme un outil de travail et la *Zakat* n'est à donner que sur les dividendes.

Il est à rappeler ici qu'il n'est pas interdit en islam d'acheter et vendre des actions d'une société cotée en bourse à condition que l'activité principale de cette société ne soit pas illicite comme la fabrication, l'achat ou la vente d'alcool, la pornographie, le tabac, etc.

Pour plus d'information sur l'investissement en bourse, il faut consulter les multiples *Fatwâs* inhérents à ce domaine.

LA *ZAKAT* SUR UN BIEN LOUÉ

Les biens achetés dans l'objectif d'être loués ne sont pas soumis à la *Zakat*, cependant l'argent de la location est soumis à la *Zakat*, il doit être additionné à l'argent possédé et la *Zakat* doit être donnée annuellement sur la somme totale.

60 Le dividende d'une action est un versement d'argent aux actionnaires, prélevé sur le bénéfice net ou sur les réserves de la société.

LA *ZAKAT* SUR LES PRIMES ET L'HÉRITAGE

Comment doit faire celui qui reçoit un héritage, un prix ou une prime ?

Il doit rajouter cet argent à ce qu'il possède déjà et attendre la prochaine date anniversaire. A cette date il doit s'acquitter de la *Zakat* sur la totalité de l'argent y compris la prime ou l'héritage.

Si cette personne n'a jamais payé de *Zakat* et que la valeur de la prime ou de l'héritage atteint le *Nisâb*, la date anniversaire pour cette personne est le jour de la réception de la prime ou de l'héritage. Elle doit attendre un *Hawl* et payer la *Zakat* si la somme de ses biens argent y compris la prime ou de l'héritage atteint le *Nisâb*.

LA *ZAKAT* SUR LES BIJOUX ET LES MÉTAUX TRAVAILLÉS

Les bijoux de femme utilisés comme parure sont exempts de toute *Zakat* à condition que leur quantité ne soit pas excessive.

Quand il y a excès de quantité, ils sont assujettis à la *Zakat*, car ils sont considérés comme épargne et non plus comme parure.

Cette notion d'excès varie selon le niveau de

vie de chaque femme.

L'usage des bijoux en Or est défendu aux hommes, celui qui en porte ou en possède malgré cette interdiction doit s'acquitter de leur *Zakat*. Il en est de même pour l'or porté par les hommes, les plats et les autres ustensiles en Or et en Argent car l'islam interdit leur usage.

Ceci ne veut nullement banaliser l'utilisation d'objets illicites. Ceux qui les utilisent doivent se repentir sans délai.

Les bijoux destinés au commerce sont, comme toute marchandise, assujettis à la *Zakat*.

LA *ZAKAT* SUR LES BIENS DES ENFANTS NON PUBÈRES OU DES PERSONNES SOUS TUTELLE

Que dire de la *Zakat* sur les biens d'une personne sous tutelle (un enfant en bas âge, un malade mental, etc.) et qui ne peut pas fructifier elle-même ses biens ?

La majorité des savants musulmans disent que la *Zakat* est un devoir sur le bien lui-même quel que soit son propriétaire et par conséquence la *Zakat* doit être payée sur ce bien par le tuteur (voir Fatwâ 4 dans les annexes).

Il est de la responsabilité des tuteurs de fructifier ces biens et de ne pas les thésauriser.

Par fructification, il ne s'agit pas de placer l'argent dans des banques traditionnelles avec des intérêts bancaires qui sont un *ribâ* illicite (*haram*), mais plutôt dans des projets basés sur des principes autorisés par l'islam comme la *Murâbaha* [61] ou la *Mushâraka* [62].

LES INTÉRÊTS BANCAIRES

Les intérêts bancaires font partie de l'usure *(ribâ)* dont Allah a strictement interdit la consommation ou l'utilisation tant pour leur détenteur que pour toute personne à sa charge et quelle que soit cette utilisation (paiement de PV, des impôts, des factures d'électricité ou de gaz, etc.).

Le musulman qui possède un compte épargne avec intérêt doit veiller à identifier et isoler annuellement les intérêts issus de son capital. Ces intérêts ne lui appartiennent pas.

---

61 La *Murâbaha* : Un contrat de vente au prix de revient majoré d'une marge bénéficiaire connue et convenue entre l'acheteur et le vendeur.

62 La *Mushâraka* : Une association entre deux parties (ou plus) dans le capital d'une entreprise, projet ou opération moyennant une répartition des résultats (pertes ou profits) dans des proportions convenues.

Les intérêts bancaires doivent être cédés aux nécessiteux, avec l'intention de s'en débarrasser et non comme une aumône.

Ils ne doivent pas être utilisés pour la construction des mosquées ou l'achat des livres de Coran.

Il est donc évident que l'argent des intérêts bancaires ne peut pas être utilisé pour payer la *Zakat*.

Il ne faut pas non plus laisser l'argent des intérêts aux banques car elles peuvent l'utiliser dans des domaines incompatibles avec l'islam.

Celui qui n'est pas capable de faire son calcul annuel et d'isoler l'argent des intérêts bancaires ne doit pas ouvrir un compte épargne mais seulement un compte courant.

Dés que cela devient possible, le musulman doit épargner son argent dans des banques ou organismes qui respectent les principes de la finance islamique.

IMPÔTS ET *ZAKAT*

Le musulman en tant que citoyen d'un pays musulman ou non musulman doit payer ses impôts. Ceux-ci servent au fonctionnement de l'état et au financement de ses différents services.

Or la *Zakat,* comme nous venons de le voir, est à verser dans des domaines particuliers et pour des catégories précisées dans le Coran.

En outre, la *Zakat* est un devoir religieux dont nous devons, en tant que musulmans, s'acquitter envers Allah, l'islam et les plus démunis des musulmans.

Ainsi, l'impôt versé à l'état, ne peut pas se substituer à la *Zakat*. Le musulman doit payer sa *Zakat* intégralement même s'il a payé les impôts.

NE PAS AVOIR PAYÉ LA *ZAKAT* PENDANT PLUSIEURS ANNÉES ?

La *Zakat* non acquittée reste une dette quel que soit le temps passé. Sheikh Ibn 'Uthaymîn dit à ce sujet : « Celui qui retarde le paiement de sa *Zakat* a commis un péché. Il doit s'empresser de la verser et ne pas en retarder l'acquittement. Car le fondement des obligations religieuses consiste à se hâter à les accomplir. Il incombe à cet homme de se repentir à Allah (le Tout-Puissant) de ce péché ; il doit aussi s'empresser de s'acquitter de la *Zakat* pour les années précédentes sans en diminuer quoique ce soit.

Bien au contraire il doit se repentir et se dépêcher afin d'éviter que ses péchés n'augmentent à cause de son retard. »

Ainsi, celui qui n'a pas payé sa *Zakat* doit la calculer pour l'ensemble des années concernées. Il doit utiliser tous les éléments qui peuvent l'aider à être le plus proche de la réalité.

Si ce calcul ne peut être fait de manière exacte, il faut faire une estimation et majorer la part de la *Zakat* afin d'ôter tout doute.

Si une personne meurt avant d'avoir acquitté la *Zakat* sur ses biens, celle-ci doit être prélevée sur la succession avant qu'elle ne soit répartie entre ses héritiers.

Prenons l'exemple d'un musulman qui a ouvert un compte pour ses deux enfants mineurs en mai 2002. Il dépose mensuellement 50 € sur chaque compte. En janvier 2012, après avoir appris qu'il fallait s'acquitter de la *Zakat* sur l'argent de ses enfants il décide de payer la *Zakat* pour toutes les années précédentes. Comment doit-il faire ?

Le calcul approximatif à faire est donné dans le tableau suivant :

Mois/ année	Mai-02	Mai-03	Mai-04	Mai-05	Mai-06	Mai-07	Mai-08	Mai-09	Mai-10	Mai-11	Mai-12
Valeur du compte	50 €	600 €	1200 €	1800 €	2400 €	3000 €	3600 €	4200 €	4800 €	5400 €	6000€
Niṣâb	850 €	850 €	850 €	850 €	1200 €	1300 €	1550 €	1750 €	2450 €	2850 €	3500 €
Zakât (2,57%)	0 €	0 €	30,90€	46,35€	61,80€	77,25€	92,70€	108,15€	123,60€	139,05€	154,50€
			679,80€								

D'après les calculs le retard de la *Zakat* à payer s'élève à 679,80 €. Cette somme de *Zakat* doit être réglée immédiatement.

Comme nous sommes en mars 2012 il faut payer en mai 2012 la somme de 154,50 € pour la *Zakat* de cette année.

Après le paiement des retards, il faut revenir au fonctionnement normal en payant la Zakat sur ces comptes en respectant une date lunaire de référence et en payant 2,5% sur l'excédant.

LE *HAWL* SELON L'ANNÉE SOLAIRE

Si pour une raison valable le musulman ne peut faire son bilan annuel que par année solaire (grégorien), il doit alors donner 2.575 % au lieu de 2,5 %. Le 0,075 % représente la *Zakat* des 10 jours de décalage entre une année lunaire (355 jours environ) et une année solaire (365 jours environ). (Voir la Fatwâ 2 dans les annexes)

La *Zakat* de la rupture du jeûne (*Zakat Al-Fiṯr*)

Le sens le *Zakat Al-Fiṯr*

La *Zakat* de la rupture du jeûne du mois de Ramadan est une *Zakat* particulière qui a plusieurs objectifs :

- Une purification des éventuels péchés commis ou mauvaises paroles proférées durant le jeûne du mois béni de Ramadan ;
- Une nourriture pour les pauvres. Le Prophète (ﷺ) dit en parlant des pauvres le jour de l'Aïd al-Fiṯr « *Épargnez leur la mendicité ce jour-là* » [63] ;

عَن ابن عمر رَضيَ اللهُ عَنْهُما، قال: «أَمَرَنا
رَسُولُ اللهِ (صَلَّى اللهُ عَلَيْهِ وَسَلَّمَ) أَنْ نُخرِجَ
زَكَاةَ الْفِطْرِ عَنْ كُلِّ صَغِيرٍ وَكَبِيرٍ ... وَيَقُولُ :
اغْنُوهُمْ عَنْ طَوَافِ هَذَا الْيَوْمِ» البيهقي

63 *Ḫadîth* rapporté par Al-Bayhaqî et Ad-Dâraquṯnî d'après Ibn 'Umar.

- Un partage de la joie de la fête de *l'Aïd al-Fiṯr* avec les plus démunis.

L'OBLIGATION DE *ZAKAT AL-FIṮR*

La *Zakat* al-Fiṯr est obligatoire pour tout musulman homme ou femme, riche ou pauvre, enfant ou adulte. Selon Ibn 'Umar (ﷺ) : « L'Envoyé d'Allah (ﷺ) a fixé l'aumône de la rupture du jeûne à un *ṣâ'*[64] de dattes ou un *ṣâ'* d'orge. Elle doit être faite par chaque esclave, individu libre, mâle, femelle, jeune et âgé des musulmans. Il a, en outre, ordonné qu'elle soit remise avant que les fidèles ne se rendent à la prière. »[65]

عَنِ ابْنِ عُمَرَ رَضِيَ اللهُ عَنْهُمَا، قَالَ: « فَرَضَ رَسُولُ اللهِ (صَلَّى اللهُ عَلَيْهِ وَسَلَّمَ) زَكَاةَ الْفِطْرِ صَاعًا مِنْ تَمْرٍ أَوْ صَاعًا مِنْ شَعِيرٍ عَلَى الْعَبْدِ، وَالْحُرِّ، وَالذَّكَرِ، وَالأُنْثَى، وَالصَّغِيرِ، وَالْكَبِيرِ مِنَ الْمُسْلِمِينَ، وَأَمَرَ بِهَا أَنْ تُؤَدَّى قَبْلَ خُرُوجِ النَّاسِ إِلَى الصَّلاةِ » متفق عليه

64 Une unité de mesure qui existait à l'époque du Prophète (ﷺ). Elle est estimée par le sheikh Al-Qaraḏâwî à environ 2,172 kilogrammes de blé.

65 *Ḫadîth* rapporté par Al-Bukhârî et Muslim.

Même les pauvres doivent donner cette *Zakat*. Ils doivent, malgré la pauvreté, apprendre, ne serait-ce qu'une fois dans l'année, à partager et à donner à ceux qui sont semblables à eux ou plus pauvres qu'eux.

Le pauvre donne cette *Zakat* et recevra par la grâce d'Allah plus que ce qu'il a dépensé.

Elle n'est pas obligatoire pour le pauvre qui ne possède que la nourriture d'un jour pour lui et les personnes qui sont à sa charge.

Cette *Zakat* est obligatoire même pour le bébé qui naît avant le coucher du soleil du dernier jour de Ramadan. Elle est recommandée pour le fœtus qui a plus de 120 jours.

La valeur de *Zakat Al-Fitr*

Comme indiqué dans le *hadîth* d'Ibn 'Umar (ﷻ), la *Zakat Al-Fitr* a été fixée par le Prophète (ﷺ) lui-même à un *sâ'* de la nourriture la plus répandue comme le blé, le riz, le raisin sec, le maïs, etc.

Le *sâ'* est l'équivalent de 4 mesures des deux mains jointes d'un homme d'une taille moyenne. Il a été évalué à 2176 grammes de blé par le sheikh Al-Qaradâwî dans son livre *Fiqh*

Az-Zakât.[66]

C'est la valeur minimale de la *Zakat*, il est possible et même recommandé de donner plus. « **Le mérite de celui qui en nourrira davantage ne sera que plus grand.** » [67]

﴿فَمَن تَطَوَّعَ خَيْرًا فَهُوَ خَيْرٌ لَّهُۥ وَأَن تَصُومُوا خَيْرٌ لَّكُمْ إِن كُنتُمْ تَعْلَمُونَ﴾ [٢ : ١٨٤]

L'imam 'Alî (ﷺ) dit en parlant de la valeur de cette *Zakat* : « *Quand Allah est généreux envers vous, soyez généreux envers les autres* »

Le Calife 'Umar Ibn 'Abd Al-'Azîz, le grand imam Abû Hanîfa et la majorité des savants contemporains autorisent le paiement de cette *Zakat* en argent et considèrent que c'est plus conforme à la finalité de cette *Zakat* qui consiste à réjouir les cœurs des pauvres et leur éviter la mendicité.

A notre époque donner la valeur en argent est plus facile pour le donateur et mieux apprécié par le receveur.

---

66 Page 942 *Fiqh Az-Zakât* (sheikh Al-Qaradâwî)

67 2. Sourate La Vache (Al-Baqara), verset 184.

En 2010, cette *Zakat* a été fixée par les organisations musulmanes d'Europe à 5 € par personne à charge.

Le temps de l'acquittement de *Zakat Al-Fiṯr*

Elle peut être donnée à partir du 15ème jour de *Ramadan* et jusqu'au jour de l'*Aïd* avant le début la prière de *l'Aïd al-Fiṯr.*

Il faut prendre ses précautions pour que cette *Zakat* arrive dans la main du pauvre un ou deux jours avant l'Aïd et au plus tard le matin de l'Aïd même avant la prière.

Celui qui ne la donne pas avant la prière de l'Aïd, doit malgré tout la donner, même après la prière. Sa récompense dans ce cas-là est très réduite.

Les ayants droit à *Zakat Al-Fiṯr*

Comme pour la *Zakat* ordinaire, *Zakat Al-Fiṯr* peut être donnée aux huit catégories cités dans le verset suivant : « **Les *Ṣadaqât* ne sont destinés que pour les pauvres, les indigents, ceux qui y travaillent, ceux dont les cœurs sont à gagner (à l'Islam), l'affranchissement des esclaves, ceux qui sont lourdement endettés, dans le sentier d'Allah, et pour le voyageur**

(en détresse). C'est un décret d'Allah ! Et Allah est Omniscient et Sage » [68]

﴿إِنَّمَا الصَّدَقَاتُ لِلْفُقَرَاءِ وَالْمَسَاكِينِ وَالْعَامِلِينَ عَلَيْهَا وَالْمُؤَلَّفَةِ قُلُوبُهُمْ وَفِي الرِّقَابِ وَالْغَارِمِينَ وَفِي سَبِيلِ اللَّهِ وَابْنِ السَّبِيلِ فَرِيضَةً مِنَ اللَّهِ وَاللَّهُ عَلِيمٌ حَكِيمٌ﴾ (التوبة/ ٦٠).

La majorité des savants disent qu'il est préférable de la donner exclusivement aux pauvres et aux nécessiteux. Dans un *hadîth* rapporté par Ibn 'Abbâs : « Le Prophète (ﷺ) a imposé *Zakat Al-Fitr comme purification pour le jeûneur des futilités et mauvaises paroles et comme nourriture pour les pauvres ; celui qui s'en acquitte avant la prière ce sera pour lui une Zakat acceptée, celui qui la retarde après la prière cela sera considérée pour lui comme une aumône ordinaire* » [69]

عَنْ ابْنِ عَبَّاسٍ رَضِيَ اللهُ عَنْهُما، قَالَ: «فَرَضَ رَسُولُ اللهِ (صَلَّى اللهُ عَلَيْهِ وَسَلَّمَ) زَكَاةَ الْفِطْرِ طُهْرَةً

68 09. Sourate Le Repentir (At-Tawba), verset 60.

69 *Hadîth* rapporté par Abû Dâwûd, Ibn Mâjah et Ad-Dâraqutnî.

لِلصَّائِمِ مِنَ اللَّغْوِ وَالرَّفَثِ وَطُعْمَةً لِلْمَسَاكِينِ، مَنْ أَدَّاهَا قَبْلَ الصَّلَاةِ فَهِيَ زَكَاةٌ مَقْبُولَةٌ، وَمَنْ أَدَّاهَا بَعْدَ الصَّلَاةِ فَهِيَ صَدَقَةٌ مِنَ الصَّدَقَاتِ» أبوداود و ابن ماجة و الدارقطني

Le Sheikh Al-Qaraḏâwî choisit l'opinion qui consiste à privilégier les pauvres quand il s'agit de donner la *Zakat Al-Fiṯr* à moins qu'il y ait un intérêt ou une nécessité avérée. Dans ce cas, les autres catégories d'ayants droit peuvent eux aussi en bénéficier.

Contrairement aux autres *imams*, Abû Ḫanîfa autorise l'octroi de cette *Zakat* aux pauvres parmi les non musulmans.

Il ne faut pas donner cette *Zakat* à ceux qui ne la méritent pas comme le riche, celui qui est capable de travailler, les ennemis de l'islam, les parents, les enfants, son épouse et toute personne à sa charge.

Normalement, cette *Zakat* doit être donnée aux pauvres de la région. Comme pour la *Ṣalât*, cet espace est délimité par un rayon de 84 Km.

Cependant, le transfert est autorisé pour une raison valable et un intérêt avéré comme :

- Des pays musulmans touchés par la famine, les catastrophes naturelles, la guerre, etc.
- Des proches pauvres résidant dans un autre pays.
- Une minorité musulmane pauvre qui a besoin de construire des écoles ou des hôpitaux, etc.
- …

تمّ بحمد الله

L'AVIS DU SHEIKH AL-QARAD̲ÂWÎ CONCERNANT LA *ZAKAT* SUR LES SALAIRES

Le sheikh Al-Qarad̲âwî, un des grands spécialistes dans le domaine de la *Zakat*, a un avis pertinent concernant la *Zakat* sur les salaires.

Il fait l'analogie entre les salaires et le « *al-Mâl al-Mustafâd* » « un bien gagné ».

La *Zakat* est à donner chaque fois que le musulman reçoit son salaire ou ses gains après avoir déduit toutes les charges. Le pourcentage est de 2,5%.

Concrètement si une personne reçoit un salaire de 4000 € et dépense 3000 € pour les nécessités de vie de sa famille, les économies mensuelles s'élève à 1000 €, elle doit donc donner mensuellement 25 €.

Ces mensualités peuvent être regroupées et données une fois par an.

Comme la *Zakat* est une obligation annuelle, il ne faut pas oublier de donner la *Zakat* sur l'argent épargné depuis plusieurs années.

En plus de la *Zakat* réglée en mensualités,

si on arrive à épargner sur plusieurs années de l'argent dépassant le *Nisâb* alors la *Zakat* doit être payée aussi d'une manière annuelle et en respectant une date anniversaire comme évoqué plus haut.

La *Zakat* n'est pas obligatoire sur l'argent gagné cette année car elle a été réglée mois par mois.

Concrètement : si à la date anniversaire une personne constate qu'elle a une somme de 5000 € dont 1000 € épargnés cette année et pour lesquels la *Zakat* a été réglée mois par mois, elle donnera la *Zakat* sur 4000 € car cet argent est resté épargné pendant une année.

Par souci de simplicité de calcul, il est préférable de donner la Zakat sur tout l'argent épargné.

FATWÂS DE BASE POUR CET OUVRAGE

FATWÂ 1

Fatwâ concernant la *Zakat* sur les salaires et les gains des professions libérales adoptée par le congrès mondial de la *Zakat* qui a eu lieu au Koweït le 3/4/1984.

Ce type de bien est généré par les efforts et les

capacités que l'homme exploite dans une œuvre utile, c'est le caş par exemple, des salaires des employés et des fonctionnaires, des gains des professions libérales comme la médecine, l'architecture etc. Il peut également provenir des allocations, des indemnités et des primes. Ne rentrent pas dans cette catégorie les bénéfices générés par l'exploitation et la fructification d'un bien existant.

Pour ce type de gain, la majorité des membres considère qu'il n'est pas soumis à la *Zakat* au moment où il est perçu, mais il doit être additionné à l'argent possédé et soumis à la *Zakat* dans le respect du *Nis̲âb* et du *H̲awl*. Le propriétaire doit s'acquitter de la *Zakat* sur son argent quand le *H̲awl* s'écoule dès lors que l'argent a atteint le *Nis̲âb*. Les gains qu'il perçoit durant le *H̲awl* doivent être intégrés à l'argent soumis à la *Zakat* même s'ils ne sont pas tous restés par devers lui pendant un *H̲awl* complet depuis qu'il les possède.

Si le propriétaire ne possédait pas le *Nis̲âb* avant, son *H̲awl* commence le jour même où le *Nis̲âb* est atteint. La *Zakat* est obligatoire pour lui à la fin du *H̲awl*. Le pourcentage de la *Zakat* est de 2,5 % pour chaque année lunaire ou *H̲awl*.

Certains membres ont considéré ce type de gains comme « *Mâl Mustafâd* »[70] et ont, par conséquence, exigé le paiement de la *Zakat* (2,5 %) juste après l'acquisition de ce bénéfice si celui-ci dépasse le *Nisâb*, est excédentaire par rapport aux besoins fondamentaux et n'est pas assujetti à des dettes.

En payant la *Zakat* juste après l'acquisition d'un profit, le propriétaire n'est pas tenu de payer la *Zakat* sur cet argent une autre fois quand son *Hawl* s'achèvera, mais il doit le faire pour le reste de son argent. Il peut aussi, au lieu de payer la *Zakat* juste après l'acquisition de cet argent, faire son calcul et ne s'acquitter de la *Zakat* que le jour de son *Hawl* avec le reste de son argent.

زكاة الأجور والرواتب وأرباح المهن الحرة وسائر المكاسب من فتاوى مؤتمر الزكاة الأول (المنعقد في الكويت ٢٩ رجب ١٤٠٤ هـ الموافق ٣/ ٤/ ١٩٨٤ م)

هذا النوع من الأموال يعتبر ريعا للقوى البشرية للإنسان يوظفها في عمل نافع وذلك كأجور العمال

70 Notion déjà connue dans la jurisprudence musulmane qui signifie le bien gagné indépendamment des biens existants.

ورواتب الموظفين وحصيلة عمل الطبيب والمهندس ونحوهم ومثلها سائر المكاسب من مكافآت وغيرها وهي ما لم تنشأ من مستغل معين.

وهذا النوع من المكاسب ذهب أغلب الأعضاء إلى أنه ليس فيه زكاة حين قبضه ولكن يضمه الذي كسبه إلى سائر ما عنده من الأموال الزكوية في النصاب والحول فيزكيه جميعا عند تمام الحول منذ تمام النصاب وما جاء من هذه المكاسب أثناء الحول يزكى في آخر الحول ولو لم يتم حول كامل على كل جزء منها.

وما جاء منها ولم يكن عند كاسبه قبل ذلك نصاب يبدأ حوله من حين تمام النصاب عنده وتلزمه الزكاة عند تمام الحول من ذلك الوقت ونسبة الزكاة في ذلك ربع العشر (٢,٥٪) لكل عام . وذهب بعض الأعضاء إلى أنه يزكي هذه الأموال المستفادة عند قبض كل منها بمقدار ربع العشر (٢,٥٪) إذا بلغ المقبوض نصابا وكان زائدا عن حاجاته الأصلية وسالما من

الدين. فإذا أخرج هذا المقدار فليس عليه أن يحسب ما عليه عند تمام الحول على سائر أمواله الأخرى ويجوز للمزكي هنا أن يحسب ما عليه ويخرجه فيما بعد مع أمواله الحولية الأخرى.

FATWÂ 2

الحول القمري : من فتاوى مؤتمر الزكاة الأول (المنعقد في الكويت ٢٩ رجب ١٤٠٤ هـ الموافق ٣/ ٤/ ١٩٨٤ م)

الأصل في اعتبار حولان الحول مراعاة السنة القمرية وذلك في كل مال زكوي اشترط له الحول واللجنة توصي الأفراد والشركات والمؤسسات المالية باتخاذ السنة القمرية أساسا لمحاسبة الميزانيات أو على الأقل أن تعد ميزانية لها خاصة بالزكاة وفقا للسنة القمرية.

فإن كان هناك مشقة فإن اللجنة ترى أنه يجوز تيسيرا على الناس - إذا ظلت الميزانيات على أساس السنة

الشمسية - أن يستدرك زيادة أيامها عن أيام السنة القمرية بأن تحسب النسبة ٢,٥٧٥٪ تقريبا.

La *Hawl* lunaire : Les fatwâs du congrès mondial de la *Zakat* qui a eu lieu au Koweït le 3/4/1984.

En principe, pour tous les biens soumis à la *Zakat* (chaque *Hawl*) annuellement, le *Hawl* doit être fixé en observant l'année lunaire. Le comité recommande aux individus, aux sociétés et aux établissements financiers d'adopter l'année lunaire comme base pour la comptabilité budgétaire ou au moins de préparer un budget spécifique à la *Zakat* basé sur l'année lunaire.

Si la comptabilité est basée sur l'année solaire et que l'adoption de l'année lunaire engendre des difficultés, le comité autorise, pour faciliter aux gens la pratique, le paiement de la *Zakat* chaque année solaire mais avec un taux de *Zakat* d'environ 2,575 % au lieu de 2,5 % pour compenser les jours en plus de l'année solaire.

FATWÂ 3

فتاوى مجمع البحوث الإسلامية - بالقاهرة.

قرارات بشأن الزكاة من المؤتمر الثاني لمجمع البحوث

الإسلامية : يكون تقويم نصاب الزكاة في نقود التعامل المعدنية ، وأوراق النقد ، والأوراق النقدية ، وعروض التجارة على أساس قيمتها ذهبا فما بلغت قيمته من أحدها عشرين مثقالا ذهبيا وجبت فيه الزكاة ، وذلك لأن الذهب أقرب إلى الثبات من غيره ويرجع في معرفة قيمة مثقال الذهب بالنسبة إلى النقد الحاضر إلى ما يقرره الخبراء.

Fatwâ du concile des recherches islamiques au Caire. Décisions concernant la *Zakat* issues du deuxième congrès du concile : L'estimation du *Nisâb* de la *Zakat* sur l'argent (billets de banque, pièces, bons, …), ainsi que sur le capital commercial (*'ard*) doit être basée sur leur équivalent en Or. La zakat devient exigible dès que la valeur de ces biens atteint vingt dinars (en or) ; l'or étant plus stable que les autres métaux. Pour connaître la valeur du dinar (en or) par rapport à la monnaie courante il convient de se référer aux décisions des experts en la matière.

FATWÂ 4

فتاوى مجمع البحوث الإسلامية - بالقاهرة

قرارات بشأن الزكاة من المؤتمر الثاني لمجمع البحوث الإسلامية تجب الزكاة على المكلف في ماله وتجب أيضا في مال غير المكلف ويؤديها عنه من ماله من له الولاية على هذا المال.

Fatwâ du concile des recherches islamiques au Caire. Décisions concernant la *Zakat*, prises lors du deuxième congrès du concile : La *Zakat* sur les biens est obligatoire pour toute personne légalement responsable et elle l'est aussi sur les biens d'une personne qui n'est pas légalement responsable ; le tuteur qui gère ses biens devant s'acquitter de la *Zakat* en la prélevant sur ces biens.

FATWÂ 5

قال الشيخ مصطفى الزرقا : الدين المؤجل والمقسط (غير الحال) لا يمنع الزكاة على المال الذي لدى الشخص وإنما الذي يطرح من الزكاة هو الدين الحال الخاضع للمطالبة حالاً حين وجوب الزكاة بحولان الحول، وبناء عليه تجب الزكاة في المال الذي يأخذه الشخص قرضاً فيتملكه ويعمل به ما دام دين القرض

المذكور مقسطاً أو مؤجلاً وليس مطالباً به في الحال دفعة واحدة.

L'imminent savant Sheikh Musṯafâ Az-Zarqâ a dit : La dette à délai ou échelonnée (remboursement non immédiat) n'empêche pas l'acquittement de la *Zakat* sur l'argent possédé. Ce qui ne rentre pas dans l'argent soumis à la *Zakat* c'est uniquement la dette qui doit être remboursée sans délai et qui est réclamée par le créancier lorsque la *zakat* devient exigible attendu que l'année est révolue. Par conséquence, la *Zakat* doit être payée sur l'argent qu'emprunte une personne, devenant ainsi sa propriété, et pouvant être investi puisque la dette n'est pas exigible immédiatement dans son entièreté et qu'elle peut soit être remboursée d'une manière échelonnée ou suivant un délai connu.

RÉFÉRENCES DE CETTE PUBLICATION

Coran traduction du sens par CHIADMI (édition Tawhid)

Bidâyat al-Mujtahid (Ibn Rushd Al-Qurtubî)	بداية المجتهد ونهاية المقتصد للإمام ابن رشد القرطبي رحمه الله
Fiqh Assunna (Sayyid Sâbiq)	فقه السنة السيد سابق رحمه الله
Fatâwâ Majma' al-Fiqh al-islâmî (issu de l'organisation de la conférence islamique).	فتاوى مجلس مجمع الفقه الإسلامي الدولي المنبثق عن منظمة المؤتمر الإسلامي
Fatâwâ du concile des recherches islamiques au Caire.	فتاوى مجمع البحوث الإسلامية – بالقاهرة
Fatâwâ du 1er congrès de la *Zakat* au Koweït	فتاوى مؤتمر الزكاة الأول (المنعقد في الكويت ٢٩ رجب ١٤٠٤ هـ الموافق ٣/ ٤/ ١٩٨٤ م)
Fatâwâ du Conseil européen de la Fatwâ et des recherches	فتاوى المجلس الأوروبي للإفتاء والبحوث
Fiqh Az-Zakat (Sheikh Al-Qaradâwî)	فقه الزكاة (الشيخ القرضاوي)
Conférence sur la *Zakat* du sheikh Muhammad Al-Hasan Ould Dedew	فتاوى الشيخ محمد الحسن ولد الددو

La *Zakat* sur les salaires des fonctionnaires et des professions libérales - Dr Alyazid ben Muhammad Ar-Râdî

زكاة رواتب الموظفين و كسب أصحاب المهن الحرة (الدكتور اليزيد بن محمد الراضي)

Glossaire

Aïd	Jour de fête.
Calife	La plus haute autorité de l'islam ; les califes sont les successeurs du Prophète Mu<u>h</u>ammad (ﷺ) pour gouverner et guider les musulmans. Depuis 1924, cette institution n'existe plus.
Sharî'a	La voie à suivre. L'ensemble des règles juridiques qui gèrent la vie quotidienne d'un musulman dans le domaine cultuel comme dans le domaine relationnel.
sheikh, imam, 'Âlim (Pluriel 'Ulamâ')	Un savant ou un érudit dans les sciences de l'islam.
Fatwâ	Un avis juridique donné par un savant musulman.
<u>H</u>adîth	Une parole, un acte ou une approbation du Prophète (ﷺ).
<u>H</u>awl	Un cycle équivalent à une année lunaire entre deux dates du calendrier musulman. Il peut être traduit par cycle ou par période annuelle.
Ijtihâd	Un effort intellectuel pour déduire des réponses à des situations nouvelles à partir des textes et des autres sources de législation
Khu<u>t</u>ba	Un sermon, un discours ou un prêche.
Mu<u>h</u>arram	Le premier mois dans le calendrier musulman (hégire).

Nisâb	Le minimum requis de bien à partir duquel la *Zakat* devient obligatoire. Il peut être traduit par quorum ou seuil. Sa valeur est l'équivalent de 85 grammes d'Or.
Rajab	Le septième mois du calendrier musulman (hégirien).
Ramadan	Le neuvième mois du calendrier musulman (hégirien).
Sadaqa	Une aumône, un don facultatif.
Sahâbî	Un compagnon du Prophète (ﷺ).
Salât	La prière canonique que fait le musulman impérativement 5 fois par jour.
Sourate	Un chapitre du Coran. Dans le Coran il y a 114 chapitres plus au moins longs.
Sunna	La tradition du Prophète (ﷺ).
Zakat	Taxe sociale purificatrice.
Zakat Al-Fitr	La *Zakat* de rupture du jeûne.

« Donne à chacun ce qui lui est dû, qu'il soit proche parent, pauvre ou étranger de passage. C'est la meilleure façon d'agir pour ceux qui cherchent à être agréables à Allah. Et ce sont ceux-là qui connaîtront le vrai bonheur. L'argent que vous prêtez à usure dans l'espoir de vous enrichir au détriment des biens de vos semblables ne vous sera d'aucun profit auprès de votre Seigneur ; mais l'argent que vous donnez en aumônes (Zakat), pour être agréables à Allah, sera pour vous porté à plusieurs fois sa valeur. » 30 Sourate Les Byzantins (Ar-Rûm : 38-39)

Sommaire

Sommaire

Chez le même éditeur

L'accompagnement du malade
Ahmed Miktar

Les actions surérogatoires
Abderrazak Mahri

Al-Kaffârât : Les moyens de gagner le pardon de Dieu
L'équipe littéraire des éditions Maison d'Ennour

Al-Wâfî commentaire des 40 hadîths d'an-Nawawî
An-Nawawî

Al-Wâsitiyya (A/F)
Ibn Taymiya

L'art du rappel et de l'invocation chez l'ultime Prophète
Muhammad Al-Ghazâlî

L'attestation de foi
Yacoub Roty

Le Chiites et la réforme
Moussa Al Mussawi

Les cinq piliers de l'islam
Charaf sadek

La citadelle du Musulman
Al-Qahtânî

Crainte et espoir
Abû Hâmid Al-Ghazâlî

La création de l'être humain et son développement entre la science et le Coran intemporel
Abdelkhaled Abdelkarim

Les délices du Paradis
Ibn Kathîr
Dieu en Islam
Mahmoud Ould Doua
Dieu ou le hasard ? Il faut choisir
Abdelkhaled Abdelkarim
L'éducation des enfants
Mouhammad Patel
L'enseignement de la prière
Muh̲ammad As̲-S̲awâf
L'esprit du Jeûne en Islam ou une autre manière de vivre le Ramadan
Sami Abdessalam
La femme dans le Coran
Abderrazak Mahri
La femme en Islam
Hani Ramadan
Fiqh Assîra : la biographie du Prophète
Muh̲ammad Al-Ghazâlî
Fiqh Assunna (l'intelligence de la norme Prophétique) 1/3
Sayyid Sâbiq
Fiqh Assunna pour les femmes
Sayyid Sâbiq
La foi musulmane
Hani Ramadan
La foi : ses fondements, sa réalité et ce qui l'invalide
Muh̲ammad Na'îm Yâsîn

Le mariage et les fondements de la vie conjugale
Muhammad Ahmad Kan'ân
La fraternité humaine en Islam
Moncef Zenati
Les grands péchés selon le Coran et la Tradition
Abderrazak Mahri
Guide du pèlerin
Yacoub Roty
Les hadîths divins
Les hadîths divins avec commentaire
Abderrazak Mahri
Les histoires des Prophètes
Ibn Kathîr
L'intention et la sincérité
Yûsuf al-Qaradâwî
Les invocations coraniques ou la voie des hommes de Dieu
Les invocations du musulman
Saddiqa Charafeddine
Les invocations exaucées
Ahmad 'Abdul-Jawâd
L'Islam et la dérive de l'occident
Hani Ramadan
L'Islam entre cœur et intelligence
Sofiane Meziani
Le livre de la méditation
Abû Hâmid Al-Ghazâlî

Le livre des invocations

An-Nawawî

Le Mariage mixte

Omar Assif

Mu<u>h</u>ammad, l'ultime joyau de la prophétie

Al-Mubârakfûrî

Les Noms divins selon le Coran et la Tradition

Mu<u>h</u>ammad Iqbâl <u>S</u>iddîqî

Où est la faille ?

Yûsuf al-Qara<u>d</u>awî

La perle précieuse : voyage dans l'Au-delà

Abû <u>H</u>âmid Al-Ghazâlî

Précis de fiqh malikite à la lumière du Coran et de la tradition prophétique

Corentin Pabiot

Précis des cinq piliers de l'Islam

Collectif

Le Prophète bien-aimé

Aboubakr Eldjazairi

Le Prophète de l'Islam : Envoyé de Dieu ou Imposteur ?

Claude Coulibaly

Les quarante <u>h</u>adîths Nawawî+commentaire

An-Nawawî

Les quatre écoles de droit sunnites

Corentin Pabiot

Le rappel et l'invocation de Dieu (nouvelle édition : poche)

<u>S</u>âdiq Charaf

Le rationnel du sacré ou le vrai visage de l'islam
Abdelaziz Benabdellah
Les règles de récitation de Coran
Abderrazak Mahri
Les règles du bon comportement
Abderrazak Mahri
Renouvelle ta Vie
Muhammad Al-Ghazâlî
La Risâla : Épître sur les éléments du dogme et de la loi de l'Islam selon le rite malékite
Ibn Abû Zayd Al-Qayrawânî
Les rites du pèlerinage (Guide complet)
Yacoub Roty
La sagesse du Prophète
'Afîf Abdulfattâh Tabbâra
Sahîh d'al-Bukhârî (4 tomes)
O. Houdas/W. Marçais (Revu, corrigé, annoté par Corentin Pabiot)
Le Saint Coran, trad./phon. Chap. 'Amma
Le Saint Coran, trad./phon. Chap. Tabâraka
Les sourates salvatrices
La science des priorités
Yûsuf al-Qaradâwî
La vie de Muhammad
Etienne Dinet & Slimane Ben Ibrahim
Vision musulmane de l'Homme et de l'Univers
Temsamani chebagouda

La voie du musulman (bilingue, 3 tomes)
Abû Bakr Al-jazâ'rî
La voie du musulman (Poche)
Abû Bakr Al-jazâ'rî
Le voyage nocturne et l'ascension du Prophète
'Abdulhalîm Mahmûd
Voyage à l'intérieur de la tombe
Muhammad as-Sâyim
Le livre de l'Amour (nouvelle édition)
Abû Hâmid Al-Ghazâlî
Le Jour dernier et les signes de la fin du monde
Abderrazak Mahri
Fatwâ contemporaines
Yûsuf al-Qaradâwî
Les règles de la purification rituelle
Sayyid Sâbiq
Qu'est-ce qui se passe après la mort ?
Sheikh Rafî'uddîn
Le début de la création
Ibn Kathîr
Riyâd As-sâlihîn
L'imâm An-Nawawî
La sunna mode d'emploi
Moncef Zenati
L'abrégé de l'Authentique d'Al-Bukhârî
Az-Zabîdî

Quelques paroles édifiantes

Ahmad Ibn Hanbal, Ibn Taymiya, Ibn Qayyim Al-Jawziyya

Le testament

L'abrégé de la Sîra du Prophète (avec illustrations)

Al-Mawlid An-Nabawî (la naissance de l'Envoyé de Dieu ﷺ)

Les 40 Rabbanâ

Les 40 hadîths (arabe)

Mukhtasar Al-Akhdarî (arabe)

Les règles de bienséance relatives à la mosquée

Abderrazak Mahri

Les 40 hadîth coraniques

Aysar At-Tafâsîr

As'ad Mahmûd Hawmad

Le noble Coran Arabe-Français-Phonétique (Format Poche) + CD

Le noble Coran Arabe-Français-Phonétique (Grand format) + CD

Nuchûz et Darb : Le Conflit de couple et violence conjugale dans le Coran : Traitement et remèdes

Djazouli Djamel

Guide hajj et 'Umra

Yacoub Roty

Livres pour enfants et jeunes

La Sîra du Prophète expliquée aux jeunes
Sofiane Meziani
Adam, la merveilleuse histoire de la création du premier homme
Irène Rekad
Adieu Séphora
Claire Jobert
Ahmed : Un adolescent découvre la vie du Prophète
Yacoub Roty
Amine et Amina 1 : L'Ablution
Yacoub Roty
Amine et Amina 2 : L'âge d'apprendre à prier
Yacoub Roty
Amine et Amina N°3 : Bien faire la prière
Yacoub Roty
Amine et Amina N°4 : Les cinq prières
Yacoub Roty
Amine et Amina N°5 : L'exemple du Prophète
Yacoub Roty
Amine et Amina N°6 : Le bon comportement
Yacoub Roty
Anas et son chaton
Maryam Roty
La barque de Zaïd
Maryam Roty

Le but de l'Islam expliqué aux jeunes (Poche)
Yacoub Roty
Le but de l'Islam expliqué aux jeunes (Illustration Photos)
Yacoub Roty
Le chant de la colombe
Yacoub Roty
Le cheval céleste
Yacoub Roty
L'Épreuve de Job (Ayoub)
Irène Rekad
Houd et la destruction du peuple de 'Âd
Irène Rekad
J'apprends à faire les ablutions
Yacoub Roty
Jonas l'homme du Poisson
Irène Rekad
Les larmes de Bassim
Maryam Roty
Maria fille de berger
Aziz Thiam et Elisabeth Alonzo-Thiam
Les Noms divins expliqués aux enfants (Illustré, Couleurs)
Irène Rekad
Nouri et Noura les foulards de maman
Maryam Roty
Le plus petit des muezzins
Claire Jobert

La prière expliquée aux filles
Collectif
La prière expliquée aux garçons
Collectif
La prière expliquée aux jeunes (Illustré, couleurs)
Yacoub Roty
Le prophète Abraham et le Roi Nemroud
Irène Rekad
Le Prophète Moïse et le pharaon d'Egypte
Irène Rekad
Râbi'a al-'Adawiyya
Irène Rekad
Le Ramadan expliqué aux jeunes (Illustré couleurs)
Yacoub Roty
Le sacrifice d'Abraham
Irène Rekad
Safia la très pure
Maryam Roty
Le secret de Zaynab
Maryam Roty
Pauvre Malik
Maryam Roty
Conte du petit lézard vert
Claire Jobert
Hachim au grand cœur
Maryam Roty